LÉONCE LEX

NOTICE HISTORIQUE

SUR

Charnay-lès-Mâcon

ET

SES HAMEAUX

MÂCON

PROTAT FRÈRES, IMPRIMEURS

1920

Charnay-lès-Mâcon

ET SES HAMEAUX

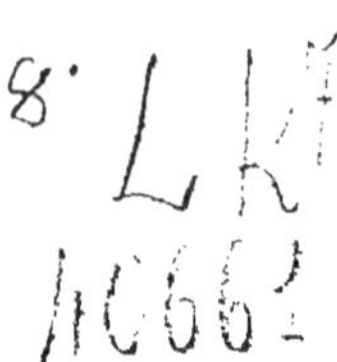

Extrait des Annales de l'Académie de Mâcon
(3ᵉ Série. — Tome XXI)

Léonce LEX

NOTICE HISTORIQUE

SUR

Charnay-lès-Mâcon

ET

SES HAMEAUX

MACON

PROTAT FRÈRES, IMPRIMEURS

1920

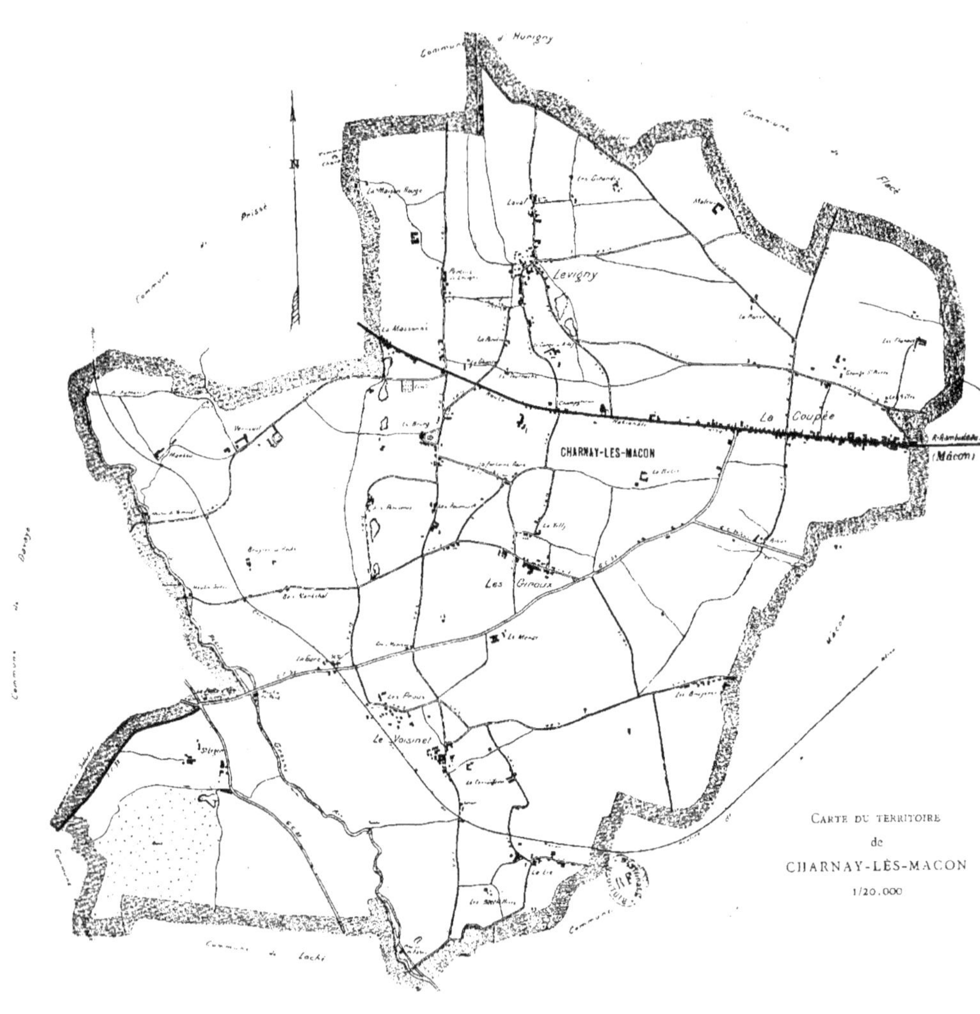

Commune d'Hurigny
Commune de
Flacé
N
Prissé
Commune de
La Maison Rouge
Les Grandes
Laval
Malou
Levigny
Le Poirel
Les Plombes
La Massonni
Champ S'Anne
Le Coupée
R. Rambulette
(Mâcon)
Werxnel
Le Bruy
Nationale
CHARNAY-LES-MACON
Mouton
La Fontaine Ronde
Le Bill
Le Relin
Les Giroux
Le Moner
La Gare
Les Proux
Les Brugeon
Le Voisinet
Commune de Loché

Carte du territoire
de
CHARNAY-LÈS-MACON
1/20.000

CHARNAY-LÈS-MACON

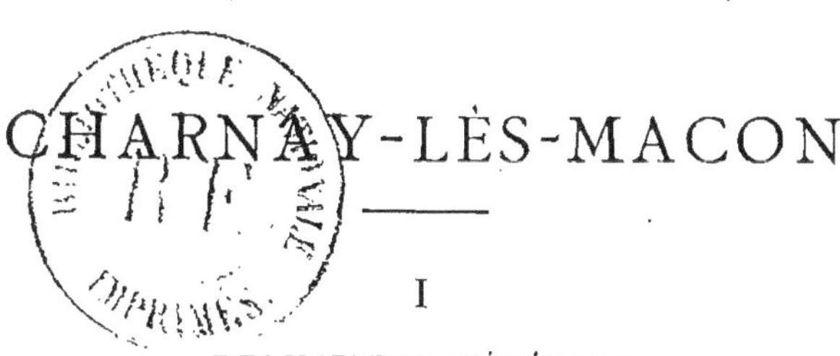

I

DESCRIPTION GÉNÉRALE

Charnay-lès-Mâcon est situé à 4 kilomètres du chef-lieu du département, de l'arrondissement et du canton (Mâcon-sud), à 62 kilomètres du chef-lieu judiciaire (Chalon-sur-Saône), et à 2 kilomètres de la station du chemin de fer de Charnay-Condemine (ligne de Mâcon à Moulins [1]). Avant la Guerre, trois voitures publiques, venant de Tramayes et de Serrières, le desservaient tous les lundis, mercredis et samedis.

Son territoire est à l'extrémité septentrionale du canton de Mâcon sud. Il est confiné par celui des communes d'Hurigny et Flacé au nord, de Mâcon à l'est, de Mâcon et Loché au sud, de Fuissé, Solutré, Davayé, Prissé et Chevagny-les-Chevrières à l'ouest.

Sa superficie est de 1.274 hectares [2] qui, d'après l'évaluation du revenu foncier des propriétés non bâties faite en 1912, se répartissaient ainsi :

Propriétés bâties, 23 hectares 88 ;

Chantiers et emplacements divers, 0 hectare 27 ;

Parcs, 21 hectares 09 ;

Jardins, 32 hectares 16 ;

[1]. Ouverte à l'exploitation le 22 août 1870.

[2]. C'est la deuxième commune des cantons nord et sud de Mâcon pour l'étendue : Verzé (Mâcon nord) a le premier rang avec 1.784 hectares. Après Charnay vient la Roche-Vineuse (Mâcon nord) avec 1.196 hectares.

Vergers, 3 hectares 99 ;

Terres labourables, 361 hectares 58 ;

Prairies, 300 hectares 08 ;

Vignes, 421 hectares 48 [1] ;

Bois, 29 hectares 19 ;

Carrières, 2 hectares 47 ;

Pâtures, friches, broussailles et murgers, 13 hectares 18 ;

Places, routes et chemins, 58 hectares 55 ;

Chemins de fer, 4 hectares 85 ;

Étangs, 0 hectare 19.

Le nombre des maisons recensées lors de l'évaluation du revenu des propriétés bâties faite en 1910, était de 508 ; celui des usines ou moulins était de 6.

Le cadastre de la commune comprend 4.394 parcelles. Il y avait en 1913 1 propriétaire de plus de 50 hectares, 9 propriétaires de 20 à 50 hectares, 10 propriétaires de 10 à 20 hectares, et 531 propriétaires de moins de 10 hectares.

Ce territoire est très varié d'aspect, très riant, et par suite, très habité [2], puisque le plan cadastral, dès 1826, comprenait, outre le bourg, 38 hameaux ou écarts. Des hauts de Levigny et de la Massonne on jouit d'une vue panoramique fort étendue et fort belle sur la vallée de la Saône à l'est et sur la vallée de la Petite-Grosne au sud [3].

---

1. Le produit de ces vignes, pendant les treize dernières années (1907-1919), a été, en hectolitres, de : 13.679, 32.152, 21.710, 1.559, 15.785, 26.631, 3.476, 8.311, 8.608, 7.653, 7.711, 13.465, 16.990.

2. Charnay est la commune rurale la plus peuplée des deux cantons nord et sud de Mâcon : 1.941 habitants au recensement de 1911. Ont aussi plus de 1.000 habitants : Prissé (Mâcon sud), 1.245 ; la Roche-Vineuse (Mâcon nord), 1.094.

3. Le « citoyen Puthod », dans sa *Géographie de nos villages ou Dictionnaire Mâconnais* (an VIII, p. 53), a chanté ce panorama avec lyrisme : « La situation

CHARNAY-LÈS-MÂCON. — Vue du bourg.

Cl. P. Charvet, Mâcon.

La variété du sol se retrouve, naturellement, dans le sous-sol, très mouvementé par suite des périodes successives de soulèvement, d'érosion, d'affaissement et de remblai, par lesquelles ont passé nos contrées dans les temps géologiques. On y observe toute la série des terrains jurassiques, depuis le lias inférieur jusqu'au corallien inférieur.

Les alluvions quaternaires de la Saône et de la Petite-Grosne [1] entourent à l'est, au sud et à l'ouest, le plateau sur lequel est bâti le bourg à 270 mètres d'altitude ; elles consistent en limon jaune, en sables et en graviers, qui ont été exploités sur différents points, notamment à la Croix Magdeleine et à Laly. Dans cette dernière localité on a recueilli, ainsi d'ailleurs qu'au Voisiné, des débris — une tête et des molaires — d'éléphant (*elephas primigenius* [2]).

Le terrain carbonifère, traversé par les porphyres et les arkoses triasiques, forme un mamelon sur lequel s'élève le château de Saint-Léger. Dans les arkoses, qui fournissaient autrefois des matériaux pour l'empierrement des routes, Alfred Lacroix a constaté

de Charnay sur une hauteur raisonnable, en rend l'air bon et pur. Le climat en est doux, sain et raffraîchi par les vents. Le coup d'œil dont on y jouit ajoute à l'agrément de l'endroit, et la bonté des productions à son utilité. L'être sensible et éclairé ne peut aller de Charnay à Mouys ou de Mouys à Charnay sans contempler avec admiration la riche et délicieuse perspective du sud-ouest. Le rideau de montagnes qui la circonscrit sert à doubler la jouissance. Les objets plus rapprochés en sont plus vivans. Leur vérité a des charmes dont on ne peut se défendre. En découvrant tout, on distingue davantage. En distinguant davantage, on se convainc mieux que ce théâtre d'imagination et de féerie en est aussi un de gloire et d'opulence. »

1. A un moment donné, la vallée de la Saône était un immense lac, et la vallée de la Petite-Grosne un large golfe de ce lac, qui se prolongeait jusqu'au lieu dit *la Roche-Bregnat*, commune de Bussières.

2. Voir A. Arcelin, *Les Formations tertiaires et quaternaires des environs de Mâcon* (Annales de l'Académie de Mâcon, 2ᵉ série, t. I, 1878, p. 65).

la présence de la jarosite (sulfate hydraté de fer), minéral dont les gîtes sont rares en France [1].

On exploitait jadis le bajocien, à l'ouest du bourg, comme pierre à bâtir, et l'oxfordien, au hameau de Levigny, comme pierre à chaux [2]. Ces deux étages ont fourni aux géologues de nombreux fossiles [3].

Arcelin a signalé, en 1881 [4], quatorze fontaines à Charnay : 1° une à Levigny ; 2°- 3° deux à Bioux, dont l'une captée pour l'alimentation de Mâcon ; 4° une à la Tournache ; 5°-6° la fontaine Gard et la fontaine Mathoud, aux Giroux ; 7°-9° trois autour du mamelon de Saint-Léger : l'une au bord du ruisseau de Fuissé, — la deuxième, ferrugineuse, sur l'arkose, — la troisième, dite de Petaude, au pied du coteau corallien, réputée dangereuse à cause de la fraîcheur de ses eaux et paraissant venir de la vallée de Pouilly ; 10° une à Condemine, sous le château ; 11° une au Voisiné ; 12° la fontaine des Mouilles ; 13° la fontaine du Pré d'Ouillard ; 14° la fontaine du Pré de Verneuil.

Au point de vue botanique, signalons qu'il croît à Charnay une plante peu commune dans nos contrées, la tulipe sauvage (*tulipa sylvestris*). Elle a son habitat dans les vignes voisines de Levigny et de la Tournache. On aperçoit, au début du printemps, les hampes porteuses de campanules de cette élégante liliacée qui a fourni de si belles variétés à la flore des jardins [5].

---

1. Voir A. Lacroix, *Minéralogie de la France et de ses colonies*, t. IV, 1910, p. 145, et G. Lafay, *Minéralogie des terrains sédimentaires des environs de Mâcon*, 1914, p. 65.

2. Voir A. Arcelin, *Explication de la Carte géologique des deux cantons de Mâcon* (Annales de l'Académie de Mâcon, 2ᵉ série, t. III, 1881, p. 315).

3. Musée de la ville de Mâcon et collections de MM. Lafay et Lissajous.

4. *Loc. cit.*, p. 316.

5. Nous devons quelques-unes des indications ci-dessus à l'obligeance bien éprouvée de notre ami M. G. Lafay, conservateur du Musée d'histoire naturelle de Mâcon.

II

NOMS DES LIEUX HABITÉS ET DES LIEUX DITS

Le nom latin de Charnay, qui est *Carnacus*, se rencontre pour la première fois en 739 dans le testament d'Abbon [1], puis en 950 dans le *Recueil des Chartes de l'abbaye de Cluny* [2], et vers 968 dans le *Cartulaire de Saint-Vincent de Mâcon* [3]. Il indique que le bourg a des origines gallo-romaines, autrement dit qu'il a eu pour point de départ, à cette époque-là, le domaine d'un propriétaire portant le surnom (*cognomen*) de *Carnus*, surnom qui paraît n'être autre que le nom même d'un peuple celtique, les *Carni*, établis au nord-est de l'Italie, dans les Alpes [4]. La désinence *acus* caractérise le *fundus* ou propriété individuelle au temps de l'Empire romain [5].

Les communes du nom de *Carnac* ont la même origine, mais certains *Charnay* qui étaient *Carnetum* en latin, et dont par conséquent l'orthographe française devrait être *Charnet*, ont une autre étymologie. Ils rappellent des lieux anciennement plantés de *charmes* ou mieux *charnes* (*carpinus*) : tel est le cas des hameaux ou

1. Voir plus loin, p. 22.
2. Nᵒ 780.
3. Nᵒˢ 406 et 478.
4. H. d'Arbois de Jubainville, *Recherches sur l'origine de la propriété foncière,* 1890, p. 488.
5. Avec des noms de familles et les désinences *ière*, *erie*, nous formons de même aujourd'hui des noms de propriétés : *la Bernardière, la Renarderie,* etc.

écarts dénommés *Charnay* ou *le Charnay* [1] dans les communes de Berzé-la-Ville, de Bourgvilain et de Montmelard [2].

Outre le bourg, les lieux habités de Charnay sont, d'après le plan cadastral de la commune, établi en 1826, les hameaux ou écarts suivants : Aux Paucards, Bioux, Bois Maréchal, Bruyère de Roche, Carge d'Arlay, Champ Grenon, Condemine, Croix Magdeleine, Domaine de la Charité, Grange Saint-Pierre, la Bâtie, la Chevannière, la Coupée, Laly, la Massonne, la Pannière, la Tournache, Laval, le Mérac, les Berthilliers, les Chanaux, les Gérards, les Giroux, les Neuf-Clefs, les Perrières, les Tournons, Levigny, le Voisiné, Maison de Terre, Malcus, Marbou, Moulin de Balme, Moulin du Pont, Pertuis de Levigny, Saint-Léger, Saint-Martin-des-Vignes, Verneuil, Viard.

Aux Paucards. — Nom de famille à rapprocher de celui de *les Pocards*, hameau de la commune d'Hurigny.

Bioux. — Ce nom rappelle un lieu planté de buis, car il faut identifier *Bioux* avec la *villa Buscidus* et la *villa Boscedus* qui figurent dans quatre chartes du *Cartulaire de Saint-Vincent de Mâcon* datées [3] des années 888 à 898 et 936 à 954 [4], et aussi avec la *villa Buxida* d'une charte de Cluny datée [5] des années 987 à 994 [6]. Or *buscidus, boscedus* et *buxida*, sont des variantes du mot *buxetum* qui signifie lieu où croissent des buis [7].

---

1. *Castanetum* (castanea, châtaignier) a donné de même *Châtenet*, et, par altération, *Châtenay* ; *salicetum* (salix, saule), *Sausset* et *Saussay* ; etc.

2. Voir Th. Chavot, *Le Mâconnais, géographie historique*, édition (*sic*) de 1890, manuscrit n° 90 de la bibliothèque de la ville de Mâcon.

3. Par l'éditeur, M.-C. Ragut.

4. *Cartulaire* cité, chartes 147, 271, 284 et 301.

5. Par l'éditeur, Al. Bruel.

6. *Recueil*, charte 1747.

7. Voir d'Arbois de Jubainville, *op. cit.*, p. 617.

Bois Maréchal. — *Maréchal*, nom de propriétaire. M. Chavot [1] rapporte qu'on trouve *le Bois Mareschal* mentionné dans le terrier de la seigneurie de Condemine en 1683 [2].

Bruyère de Roche. — Nom emprunté à la fois au règne végétal et au règne minéral. M. Chavot a relevé aussi le nom de *les Bruyères de Roche* dans le terrier de la seigneurie de Condemine en 1683.

Carge d'Arlay. — *Carge*, variante de *carrage*, *carroige*, *carroge*, *carrouge*, *carruge*, mots qui signifient en vieux français *carrefour* ou *place*. Le Carge d'Arlay est à rapprocher des noms de deux hameaux de la commune de la Roche-Vineuse, *le Carjematon* et *les Carrijacques*. *D'Arlay* est une graphie fautive du nom de famille *Darlet* que nous trouvons à Charnay en 1478 [3].

Champ Grenon [4]. — *Campus Grynæus*, nom latin de Champ Grenon, paraît conserver le souvenir du patronyme *Grinius*, très ancien dans le Mâconnais, puisqu'un des juges ou échevins (*scamineus*) qui tenaient les assises (*mallum*) du comte à la fin du IXe siècle s'appelait *Grinius* [5].

---

1. *Op. cit.*

2. Archives départementales, E. 101, n° 3.

3. Voir plus loin, chap. VII : *La population.*

4. Le « citoyen Puthod », dans sa *Géographie de nos villages ou Dictionnaire Mâconnais* (an VIII, p. 46) s'est livré à une dissertation bien amusante sur l'étymologie de Champ Grenon : « Champ Grenon veut dire *Champ de Grains* ; on l'appelait autrefois *Champ Grenu*, et dans les titres latins *Campus Granus, Campus Grinæus*. Et comme il y avait plaisir à voir chargées d'épis les vastes et fertiles terres de cet endroit, par une basse allusion, on changea *Grenu* en *Gernon*, vieux mot qui signifie poil, moustache. Les Gaules en général étaient représentées par trois têtes d'homme et par trois épis ; les trois têtes marquaient l'ancienne division des Gaules en Belgique, Celtique et Aquitanique, et les trois épis exprimaient la fertilité du pays. »

5. Charte n° 284 du *Cartulaire de Saint-Vincent de Mâcon*, datée (par l'éditeur) d'entre 888 et 898.

CONDEMINE. — Ce mot signifie « terre labourable ». C'est un des exemples fréquents de nom de *lieu dit* devenu nom de *lieu habité*. Nous connaissons au moins seize communes du département de Saône-et-Loire qui ont des hameaux ou écarts dénommés *Condemine*, *la Condemine*, *les Condemines*. Ce toponyme a formé le patronyme *Condeminal*, patronyme qui par choc en retour a donné le toponyme *les Condeminal* (à Romanèche).

CROIX MAGDELEINE. — Sainte Madeleine est la patronne de Charnay. Cette croix existait déjà en 1683, puisque M. Chavot [1] a relevé le nom de « la Croix Madeleine » dans le terrier de la seigneurie de Condemine.

DOMAINE DE LA CHARITÉ. — Propriété de l'hôpital général de la Charité de Mâcon.

GRANGE SAINT-PIERRE. — Domaine de l'abbaye, du prieuré, puis de l'église Saint-Pierre de Mâcon, qui, on le verra plus loin, ont été l'un après l'autre seigneurs de Charnay, Levigny et dépendances.

LA BATIE. — En bas latin *bastia, bastilla, bastida*, et en vieux français *bastie, bastille, bastide*, signifient « tour, château, forteresse ». M. Chavot [2] dit avoir relevé les lieux dits *Bois de la Bastide* dans le terrier de Charnay du prieuré de Chevignes en 1456 [3] et *en Mayolet de la Bastie* dans le terrier de la seigneurie de Condemine en 1683. Il y a aussi un *la Bâtie* à la Chapelle-de-Guinchay.

---

1. *Op. cit.*
2. *Id.*
3. *Bochelum de Bastida* (fo 10 vo), *nemus de Bastida* (fo 12). De notre côté nous y avons trouvé mentionné le *dominus de Bastida* (fo 34). (Archives départementales, H. 13, no 3.)

La Chevannière. — *Chènevière* est en vieux français *chanevière*, et par rotacisme, *chavenière* et *chevanière*. La commune de Loché a son *Chavanière*. D'autre part, plusieurs lieux habités, dans le département de Saône-et-Loire, s'appellent *les Chenevières, les Chevannes, les Chavannes, les Chevannettes, les Chavanettes*, etc.

La Coupée [1]. — *La Coupée* est un nom de lieu dit indiquant la contenance de la pièce de terre à laquelle il a été donné [2]. Ce lieu dit est devenu lieu habité vraisemblablement dans les circonstances relatées par l'*Histoire des Révolutions de Mâcon sur le fait de la Religion* [3] : « L'avocat Guichard acheta la Terre de la Coupée, dépendante aujourd'hui du Fief de la Bâtie, pour y construire un Temple pour les gens de la Religion Prétendue Réformée. On voit par une délibération de Messieurs de Saint-Pierre, du 17 avril 1619, que cette terre à bled de la Coupée, acquise par cet avocat, apparten[oit] aux Huguenots, qui depuis le printems dernier [1618] y avoient bâti ce Temple [4]... »

Laly. — Le nom de *Laly*, comme celui de *Charnay*, consacre le souvenir de la colonisation de nos contrées par les Romains.

1. Encore une étymologie bien drôle proposée par le « citoyen Puthod » (*op. cit.*, p. 77) : « La plupart de ces terres immenses qui sont à l'ouest de Mâcon... étaient en taillis autrefois, sans grande route au milieu... Lorsque l'idée fut venue et mise à exécution de les couper par une route aussi agréable qu'utile, ces terres en prirent insensiblement leur nom, dans lequel elles s'affermirent par les coupes multipliées qu'on faisait des taillis, pour mettre le pays à découvert, et le purger plus facilement des brigands qui s'y retiraient. Les terres qui se trouvent à notre gauche, en sortant de Mâcon, s'appelèrent *la Petite Coupée*, et celles de droite, *la Grande Coupée* ; nom bien donné alors, qu'elles durent à la différence de leur étendue. »

2. On sait que la coupée mâconnaise vaut 3 ares 957.

3. Par M. D***, 1760. Page 286.

4. Après la révocation de l'édit de Nantes (1685) le seigneur de la Bâtie acheta le « Temple », qui est aujourd'hui la grange de la ferme de la Bâtie.

De même que Charnay, *Carnacus*, a eu pour origine le domaine
d'un propriétaire qui portait le surnom (*cognomen*) de *Carnus*,
Laly, *Laliacus*, a eu pour origine le domaine d'un propriétaire qui
portait le nom (*gentilitium*) de *Laelius*, nom dont les thèmes
Lalius et *Lilius* sont bien connus [1].

Aucun texte ancien ne mentionne le *Laliacus* de Charnay, mais
nous connaissons un *Laliacus* ou *Liliacus*, de la Roche-Vineuse,
au Xe siècle [2]. Ce dernier n'est plus aujourd'hui un lieu habité ;
toutefois il a laissé son nom au lieu dit *la Lie*, variante graphique
infligée quelquefois aussi au *Laly* de Charnay et qui constitue
un véritable jeu de mots explicable peut-être par le fait que ces
deux Laly sont en plein pays vignoble.

Il y a plusieurs autres *Laly*, *Lally* et *la Lie* dans le département
de Saône-et-Loire.

La Massonne. — Rappel d'un nom de famille [3], comme pour
le nom de lieu dit *la Thevenonne*.

La Pannière. — Cela peut rappeler aussi un nom de famille,
comme cela peut avoir été primitivement un nom de lieu dit. Il
faudrait, dans ce dernier cas, le rapprocher du nom de lieu dit *la
Bechoüle*.

La Tournache [4]. — *Tornace, tournache*, en vieux français, signifient « tour forte ». La construction ainsi qualifiée, et qui paraît
remonter au XVe siècle, existe encore.

---

1. Voir d'Arbois de Jubainville, *op. cit.*, p. 257.

2. Voir la préface du *Cartulaire de Saint-Vincent de Mâcon*, p. ccxiii.

3. On ne le trouve pas dans le terrier du XVe siècle, mais en revanche on y lit :
en la Boyssone, juxta iter publicum per quod itur de Vernuyl apud Matisconem
(1456).

4. Ce nom de lieu habité ne se trouve pas dans le terrier du XVe siècle,
mais on y rencontre le nom de lieu dit *en la Fornache*, et *versus quadrivium
Boyet, in finagio de la Fornache*, 1456.

LAVAL. — Tous les *Laval* de France, et ils sont nombreux, —
environ quatre-vingts, — ont pour étymologie le mot latin *vallis*,
qui a donné en français *val* et *vau*, c'est-à-dire *vallée*. Il faut peut-être
identifier Laval avec le meix [1], situé à Levigny et appelé *in Valeas*,
que vers l'an 1020 un nommé *Raculfus* donna à l'abbaye de
Cluny [2].

LE MÉRAC. — Il y a une commune du nom de *Méracq* dans les
Basses-Pyrénées, et des hameaux du nom de *Meyrac* dans la Haute-
Loire, le Lot et les Basses-Pyrénées. Ce nom à forme essentielle-
ment méridionale, François Rubat, avocat en Parlement, l'a sans
doute donné, pour un motif qui nous échappe, au domaine créé
par lui à Charnay vers le milieu du XVIIIe siècle. On n'en trouve
pas de mention ancienne.

LES BERTHILLIERS. — Nom de famille.

LES CHANAUX. — *Chanal*, *chenal*, sont des formes anciennes de
canal; et ont le sens de « ruisseau ». La topographie justifie le
nom [3].

LES GÉRARDS. — Nom de famille.

LES GIROUX. — Nom de famille [4].

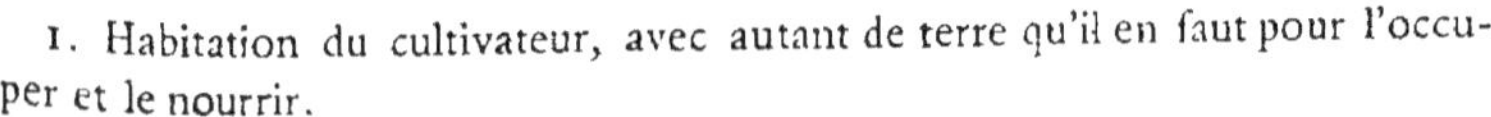

1. Habitation du cultivateur, avec autant de terre qu'il en faut pour l'occuper et le nourrir.

2. *Recueil*, nos 2734 et 2735.

3. Nous ne comprenons pas que Chavot ait identifié *les Chanaux*, qui étaient
très certainement, au moyen âge, dans l'*ager Salorniacensis* (contrée de Salornay), avec le *ad Casno, in agro Fusciacensi* (Au Chasne, dans la contrée de Fuissé)
de la charte nº 193 du *Cartulaire de Saint-Vincent de Mâcon*. — *Ad Casno* doit être
Chânes.

4. On le trouve à Charnay dès le XVe siècle. Voir plus loin, chap. VII : *La
population*.

LES NEUF-CLEFS. — Ce nom rappelle vraisemblablement le bornage de la justice du chapitre de Saint-Pierre de Mâcon, bornage consistant en pierres portant gravées les armes aux clefs de saint Pierre [1].

LES PERRIÈRES. — En vieux français *perrière* signifie « carrière de pierre ».

LES TOURNONS. — Synonyme possible de « Les Tournants » : le tracé des chemins qui passent par là justifierait bien cette désignation, il suffit de jeter les yeux sur le plan cadastral pour s'en convaincre. Mais, d'un autre côté, les David, qui habitaient Charnay en 1456 et en 1478, s'appelaient aussi *Tournon*, de sorte qu'il y a lieu d'hésiter entre deux hypothèses : ou bien le hameau des Tournons conserverait le nom d'une famille ; ou bien la famille David aurait eu Tournon comme surnom parce qu'elle habitait ce hameau [2].

LEVIGNY. — Voici encore un souvenir de la colonisation romaine. *Levigny*, c'est en latin *Liviniacus*, vocable formé d'un nom (*gentilitium*) dont le thème serait *Livinius*, suivi de la désinence *acus*, de même qu'un gentilice dont le thème serait *Luvinius* a donné avec le suffixe *acus*, *Luviniacus*, qui est le nom latin des nombreux *Lugny*, *Luigny* et *Luvigny*, de France.

Liviniacus se rencontre dans plusieurs chartes de l'abbaye de Cluny et de l'église Saint-Vincent de Mâcon au XIᵉ siècle, que nous analyserons plus loin [3].

---

1. Nous ne comprenons pas non plus l'identification, établie par Chavot, des Neuf-Clefs avec le *Noliacus*, alias *Nocleus*, *in agro Fusciacense*, du nᵒ 1352 du *Recueil des Chartes de l'abbaye de Cluny*. Comment a-t-il pu placer *les Neuf-Clefs* dans la contrée de Fuissé ?

2. Voir plus loin, chap. VII : *La population*.

3. Voir plus loin, chap. III : *Origines du bourg et de quelques hameaux ou écarts*.

Le Voisiné. — C'est un mot de l'ancienne langue française qui signifie « le voisinage ». M. Chavot, dans la seconde édition de sa *Géographie historique* du Mâconnais, dit avoir trouvé des mentions du *Voisiné des Tornons* en 1604 et du *Voisiné de Condemine* en 1683 [1].

Nous avons trouvé aussi : en 1456, un *Vicinatus de Chivagnie, juxta iter publicum per quod itur de Sancto Leodegario apud Malisconem*, et un *iter tendens a Vicinatu de Laly ad ecclesiam de Charnayo* [2]; en 1682, un « Voisiné de Chevagny, parroisse de Charnay [3] », et en 1786, « le Voisiné de la Chevagnière [4] ».

Les communes de Blanot et de Viré ont, comme Charnay, des hameaux du *Voisinet*, — c'est l'orthographe qui tend à prévaloir pour ce nom de lieu.

Maison de Terre. — N'a pas besoin d'explication. On retrouve ce nom de lieu à Jalogny et à Villegaudin.

Malcus. — Ce nom que certains documents transforment en *Marchus* [5] et *Marcueuil* [6], doit être identifié avec un curtil [7] appelé *Marcius*, mentionné dans le *Cartulaire de Saint-Vincent de Mâcon* entre 996 et 1018 [8]. Or, le nom (*gentilitium*) *Marcius*, dérivé du prénom (*prænomen*) *Marcus*, est bien connu. Dans la Gaule romaine, il a plusieurs fois, se transformant de substantif en adjectif, passé du propriétaire à la propriété, sans addition de

1. Bibliothèque de la ville de Mâcon, manuscrit n° 90, art. *Tournons (les)* et *Voisinet (le)*.
2. Archives départementales, H. 13, n° 3, fos 10 vo et 15 vo.
3. Id., E. 101, n° 3, fo 52.
4. Id., E. 220, fo 230 vo.
5. Voir Chavot, *op. cit.*
6. Carte de l'état-major.
7. Jardin dépendant d'une habitation de paysan.
8. Charte 148.

suffixe [1]. Les noms de *Marciat*, hameau de la commune de Joudes, et de *Marcy*, écart de la commune de Cronat, dérivent eux aussi de *Marcius* suivi de la désinence *acus*.

MARBOU. — Ce nom qui a été écrit *Marboux* [2], et dont M. Chavot a trouvé une forme latine, *Marbum*, dans le terrier de Charnay en 1456 [3], semble être, comme dans le cas de *Malcus*, un nom d'homme devenu nom de lieu, soit *Marboldus*, qui appellerait une graphie *Marboud*. Le nom de *Marbou* est à rapprocher de celui de *Marbé*, qui désigne un écart de Mâcon.

MOULIN DE BALME. — *Balme* est un mot de la langue française qui, dans le Mâconnais, s'emploie pour désigner un « talus, naturel ou artificiel, sur le bord d'une rivière ou d'une pièce d'eau [4] ».

MOULIN DU PONT. — N'a pas besoin d'explication.

PERTUIS DE LEVIGNY. — *Pertuis* est un mot de la langue française qui signifie « défilé, passage, chemin creux ».

SAINT-LÉGER. — Vocable d'une petite chapelle qui existait dès le xe siècle [5]. Sous la Révolution cette ancienne paroisse a pris le nom de *Grosne* [6].

---

1. Voir d'Arbois de Jubainville, *op. cit.*, p. 271 et 365.

2. Chavot, *op. cit.*

3. Nous ne l'y avons pas vue, mais nous y avons trouvé (f° 20) un *pratum heredum Oliverii Marbodi*, ce qui vient à l'appui de l'étymologie par nous proposée.

4. Voir *Lexique du langage populaire de Mâcon et des environs*, p. Personne et Tout-le-Monde, 1903.

5. *Recueil des Chartes de l'abbaye de Cluny*, n° 474.

6. Et celle de Saint-Clément-lès-Mâcon, celui de *Grosne-lès-Mâcon*.

Saint-Martin-des-Vignes. — Nom d'une abbaye existant dès le xe siècle [1], et devenue plus tard un doyenné de l'ordre de Cluny [2].

Verneuil. — Voici, dans la toponymie de Charnay, un dernier souvenir de la colonisation romaine. *Verneuil* est en latin *Vernolius* [3] et *Vernulius* [4], vocables formés d'un surnom (*cognomen*) bien connu, *Vernus* [5], suivi de la désinence *olius* ou *ulius*. M. d'Arbois de Jubainville nous apprend que dix-neuf communes en France, sans compter les hameaux, portent le nom de *Verneuil* [6], qui toutes se sont formées autour de domaines gallo-romains appartenant à des propriétaires connus sous le sobriquet de *Vernus*. Dans le parler local mâconnais on appelle Verneuil *Vernus*, en assourdissant l's (*Vernu*).

Viard. — Nom de famille.

Voilà l'étymologie des noms de lieux habités. Quant aux noms de lieux dits qui figurent au plan cadastral de 1826, ils s'expliquent par :

1. *Recueil* cité, n° 980.

2. Chavot, *op. cit.*, a tort de dire que sous la première République Saint-Martin-des-Vignes s'est appelé *Notre-Dame-des-Vignes*. Outre que ce n'est pas là un nom révolutionnaire, nous savons que la chapelle de *Notre-Dame-des-Vignes*, située à la rencontre des chemins de la porte de la Barre à Saint-Clément (rue Victor-Hugo) et de la porte de Bourgneuf à Saint-Martin-des-Vignes (rue Gambetta), était distincte de l'église de Saint-Martin-des-Vignes (voir Archives municipales, GG. 108).

3. *Recueil* cité, n° 649.

4. Id., n° 1314.

5. Voir d'Arbois de Jubainville, *op. cit.*, p. 543.

6. Les *Verneil* et les *Vernoil* ont la même étymologie que *Verneuil*, tandis que les *Vernay* et *Vernoy*, en latin *Vernetum*, dérivent d'un nom d'arbre, le verne.

1° la nature du sol : la Cache Boulie, les Chailloux [1], la Groube [2], les Mouilles, les Mozirottes [3], les Pérelles [4], les Perrières, Pierre à feu, en Roche [5], les Sablons ;

2° la situation des terres : Beauregard, Clos devant, Clos du Grand Chemin, la Pendouille [6], Pré dessous, Prés des Terres Basses, Terre de Flacé, Vigne de Grosne, Vignes derrière, Vignes Basses ;

3° les dimensions des parcelles : la Coupée, les Grands Champs, le Petit Champ, Grand Pré, les Grands Prés, les Grandes Raies, la Grande Terre, la Grande Vigne ;

4° la configuration du terrain : Balme, la Grande Baume, la Petite Baume, la Bechoule, Champ Fossé, en Champ Rond, aux Combes, Vigne de la Combe, les Crays [7], les Crays de Laval, la Terre du Cray, au Corniot, les Platières [8] ;

5° la culture ou l'emplantement : au Bois d'Alier [9], aux Allogneraies [10], les Belouses [11], au Bouchat, au Chêne [12], Gros Chêne [13], la Bruyère, Bruyère de Roche, le Chancre, la Condemine [14], en Couty [15], l'Essard, les Jonchères, les Grandes Nièvres, les Perse-

---

1. *Caillou*, en vieux français *chaillou*.
2. Le vieux français *grobe* signifie *salé*.
3. Moisirottes.
4. Synonyme de *Perrières*.
5. En Roches, 1456. — Vers Roches, 1451.
6. Terre en pente.
7. Crêts, crêtes, terrains élevés et de qualité médiocre.
8. En les Platières, 1456.
9. Le vieux français *alier* signifie *alisier*.
10. Plantations de noisetiers. Voir *Lexique du langage populaire de Mâcon et des environs*, p. Personne et Tout-le-Monde, 1903.
11. *Belouze*, synonyme de *peloce*, prunelle. — En Balosse, 1454.
12. Ou Chane, 1451.
13. En Gros Chasne (*Versus Grossum Quercum*), 1456.
14. Voir plus haut, p. 8.
15. Curtil (?).

rons [1], les Grandes Plantes, Pré Neuf [2], Prés de Réserve [de Saint-Léger], Prés des Bœufs, la Ronze [3], Terre des Fèves, Terre d'Orge, Terres du Sorbier, la Verchère [4], les Vernes, la Vigne, Clos de la Vigne, Vigne Blanche, Vigne de la Bruyère, Vigne des Essards ;

6° les noms de familles : à Bonnot [5], Bouteloup, au Buéry [6], Clos de Feuillans [7], les Egras [8], Champ Frozy, Champs Giroux, Chufuille, la Grillette [9], les Grimaudières [10], la Massonne, la Taponnière, la Thevenonne, en Morin, Pacaud, les Piquolières [11], Pornault, Pré Bely, Pré Bourdon, Pré Charton, Pré Collet, Pré Doyard, Pré Giroux, Pré Marin, Pré de Maux [12], Prés Satin, Ruette Mion, Terre Raton, Vignes Guérin, Vignes Machoux, Vigne Morat ;

7° les origines de propriété : aux Achats, au Pot de vin ;

8° l'état de dépendance : Bois de Verneuil, le Clos, Clos [de Condemine], Clos de la Bâtie, Clos de l'Église, Clos de la Maison, Clos de la Villy, le Clos [de la Chevannière], Clos du Mérac, Clos des Tournons, Clos Saint-Pierre, le Luminaire [13], Pré de la Granche [14], Grand Pré du Moulin du Pont, Prés de Saint-Léger,

---

1. *Perselle,* en vieux français, désigne la nielle des blés, dite aussi *passerose.*

2. *In Prato Novo,* 1451.

3. Ronce.

4. *In Vercheriis,* 1456. — En la Verchière, 1451 et 1454.

5. En Bonaul, en Bonaux, 1456.

6. En la Buéry, 1456.

7. Feillens, nom de famille. Voir plus loin, chap. VII : La Population.

8. La Vigne ès Aygret (*de bonis Perreti Aygreti quondam de Lochiaco*), 1456.

9. Vers chiez les Grilletes, 1451.

10. En la Grimodière, 1456.

11. Famille Picolier.

12. Famille Bernard de Meaux.

13. Affecté à l'entretien du luminaire de l'église.

14. Grange.

PréSaint-Pierre, à Sainte-Juste [1], Terre de la Grange [Saint-Pierre],
Terre du Bois [de Verneuil], Vigne de l'Église ;

9° les constructions ou installations : la Cadole [2], le Colombier, Pré de la Planche, Clos de la Croix Magdeleine, Vigne de
la Croix, Terre des Pendus [3].

Quelques-uns de ces noms de lieux dits existaient dès le XVe
siècle [4], et sont parvenus plus ou moins altérés jusqu'à nous, mais
d'autres se sont perdus entre 1451 et 1826 : à cela rien d'étonnant, bien d'autres choses disparaissent en trois siècles et demi !

Parmi les noms de lieux dits du terrier de Charnay [5], qui com-
prend des reconnaissances de droits passées de 1455 à 1463 en
faveur du doyen de Chevignes, rappelons-en quelques-uns qui
n'ont pas survécu : ès Arsis, en la Belle Place, en les Botières, en
Broigne, le Bruyl, Champ Verjux (*Campus Verjuti*), en Chante
Loup, en les Chaudières, au Cloux Rond (*in Clauso Rotondo*), en
Cuquempey, au Meix Damprin *alias* Dompain, en Ecotet, ou
Feullerage, en Guillonières, en Longefeyn, en les Marzes, en la
Niepvre du Molard (*in Nebro de Molari*) [6], la Palesse (*in Palitia*),
en les Palices, ou Pérerat, ès Prés Cloux (*in Pratis Clausis*), *ver-
sus Quadrivium Boyet in finagio de la Fornuche, in Quadrivio de
Malpassour, in Quadrivio du Mesplier*, à Saint-Quentin (*in Manso
vocato de Sancto Quintino*) [7], en la Saugeraie Payn (*in Saliceta
Payn*), Tarpes, en les Teppes, la Teppe Chavillart, en Verdet, au
Vierre *alias* au Cloux Rond.

1. Chapelle située à Salornay (Hurigny).
2. Cabane.
3. Emplacement d'un gibet.
4. Voir les notes précédentes.
5. Archives départementales, H. 13, n° 3.
6. On trouve aussi comme confin : *juxta Nebrum Oliverii de Sagiaco*. Olivier
de Sagie était probablement seigneur de Saint-Léger.
7. On trouve déjà la *terra Sancti Quintini* en 1022 dans une charte de l'abbaye
de Cluny (*Recueil*, n° 2762).

Voici maintenant quelques noms de lieux dits tirés du terrier de Saint-Léger [1], qui se compose de reconnaissances, passées de 1451 à 1456, pour des droits dus aussi au doyen de Chevignes : le bois de l'Aguillete, ès Allues *alias* Maigret, en les Arignières *alias* en Broigne, bois des Arrivers, en Aulte Rive *alias* en les Perrodyères, bois des Bocherates, bois du Bochet, sous les Celiers (*desublus Celaria*), en la Closure, le bois Desous, en Excertaux, en la Foreysère, en les Genetières, bois Guillet, en l'Isle Butier, en la Levée, en la Maladière, en Marignie *alias* ou Molin Oysart, en Meillenay *alias* en Moillenay, ès Muniers, ès Nyèvres (*in Neubris*), en Petade, en la Pillietière, ès Plans de Charnay, en Plongie, en Pomeray, en la Poysardière, en Pré Cusin, la terre de la Serve, le bois des Servis (*Nemus de Serviciis*), le bois de Sors *alias* en Sort, en les Tâches *alias* en Cray, bois des Vacheretes, ou Vacherot, en Verdayn, le bois de Vilers.

La Petite-Grosne qui séparait anciennement la paroisse de Charnay de celles de Davayé, Saint-Léger et Loché, est mentionnée dès la fin du Xe siècle dans les cartulaires de l'abbaye de Cluny [2] et de l'église de Saint-Vincent de Mâcon [3] sous les noms latins de *Graona*, *Graonna*, *Craona*, *Craonna*. Ces noms, qui s'appliquent aussi à la Grande-Grosne, sont étroitement apparentés à ceux de la Saône, *Sagona*, *Sagonna*, de la Cosne et de la Losne, qui coulent dans le Chalonnais. A l'époque gallo-romaine le culte des divinités aquatiques était général, et il ne fait pas de doute pour nous qu'on ait honoré autrefois de Cenves à Mâcon [4] et d'Avenas à

1. Archives départementales, H. 13, n° 2.
2. N° 1314.
3. N°s 86, 455, 457 et 608.
4. Pour la Petite-Grosne.

Marnay [1] une *dea Graonna,* comme on révérait dans la vallée de
la Saône une *dea Souconna* [2], à Saint-Marcel une *dea Temusio* [3], etc.

Nous avons dit [4] qu'Arcelin a signalé, en 1881, quatorze fon-
taines à Charnay. Les terriers de Charnay (1455-63) et de Saint-
Léger (1451-56) en mentionnent au moins quatre : 1° la *fons
de Narmentu,* 1456, d'où un chemin tendait à l'église de Char-
nay ; 2° la *fons Pacoux* alias *Pacoul,* 1456, près du chemin de
Condemine à Charnay ; 3° la *fons Sancti Leodegarii,* 1451, à Saint-
Léger ; 4° la *fons de Petade,* 1455, près du chemin de Fuissé à
Mâcon, qui est aujourd'hui la fontaine *de Petaude.*

1. Pour la Grande-Grosne.

2. J. Roy-Chevrier, *La* Dea Souconna *à* Cabillonum (*Mémoires de la Société
d'histoire et d'archéologie de Chalon-sur-Saône,* t. XIII, 1913, p. 1 et suiv.).

3. A. Arcelin, *Piédestal votif en bronze trouvé à Saint-Marcel* (*Ibid.,* t. VIII,
1895, p. 300 et suiv.).

4. Voir plus haut, chap. I : *Description générale.*

III

ORIGINES DU BOURG ET DE QUELQUES HAMEAUX OU ÉCARTS

(Bioux, Levigny, Malcus,
Moulin de Balme, Moulin du Pont, Saint-Léger,
Saint-Martin-des-Vignes, Verneuil.)

On a trouvé sur trois points différents du territoire de la commune, à Bioux, à la Massonne et à Malcus, des outils en pierre du type considéré comme le plus ancien de l'époque préhistorique [1], — trois coups-de-poing chelléens. Le premier appartient à M. A. Duréault et les deux autres à M. G. Lafay.

Des pointes et des racloirs du type dit *moustérien*, d'âge un peu plus récent que le type dit *chelléen*, ont été recueillis aussi par M. G. Lafay à Bioux et à Malcus.

Voilà pour la période paléolithique, ou de la pierre taillée, qui s'est terminée dans nos contrées par l'industrie *solutréenne*, postérieure, estime-t-on, à la *chelléenne*, et même à la *moustérienne*.

Quant à la période néolithique, ou de la pierre polie, elle a compté à Charnay au moins deux stations ou ateliers, autrement dit lieux d'habitation et de fabrication, l'un à Malcus, sur un petit plateau cultivé et planté de vignes, l'autre à Saint-Léger, dans le bois situé au-dessus du château et à la crête du mamelon. La première de ces stations a été explorée par M. G. Lafay et décrite dans le *Journal des Naturalistes, bulletin mensuel de la Société d'histoire naturelle de Mâcon* [2], où l'on peut voir, reproduits par la gra-

1. Voir la *Carte de l'âge de la pierre dans l'arrondissement de Mâcon* avec *Notice explicative*, p. G. Lafay et L. Lex, 1902.
2. T. II, p. 49-51.

vure, quelques-uns des 200 grattoirs trouvés en cet endroit, des perçoirs, une scie, une hachette, des tranchets, des têtes de lances, des pointes de flèches, etc. La seconde a été déterminée par feu l'abbé Ducrost, curé de Solutré, qui y a recueilli des lames, des grattoirs et une pointe de flèche, entrés depuis dans la collection de M. G. Lafay. L'industrie de ces deux stations ou ateliers est celle que l'on connaît sous le nom de *robenhausienne*.

Si de l'époque préhistorique nous passons aux temps historiques,

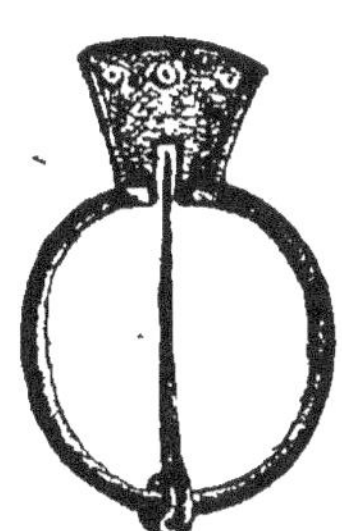

nous avons à signaler deux agrafes en bronze : l'une trouvée à Levigny, dans une sépulture du premier âge du fer mise à jour, il y a quelque vingt ans, par le sieur Barraud, carrier; l'autre trouvée à Saint-Léger, et datant de l'époque romaine. Ces deux objets font partie aujourd'hui de la collection G. Lafay. Ci-contre est repro duit le plus ancien.

Venons maintenant au haut moyen âge, époque à laquelle remontent les plus vieux documents conservés dans nos archives, et passons en revue successivement le bourg d'abord, puis quelques hameaux ou écarts : Bioux, Levigny, Malcus, Moulin de Balme, Moulin du Pont, Saint-Léger, Saint-Martin-des-Vignes, Verneuil.

CHARNAY. — Nous le savons déjà par l'étymologie de son nom, Charnay a des origines gallo-romaines. Les maisons qui l'ont constitué se sont groupées à cette époque lointaine et depuis lors, au cours des âges, autour du domaine d'un propriétaire colonique surnommé *Carnus*. Mais, des premiers siècles de notre ère, il nous faut sauter jusqu'à la fin de l'époque mérovingienne pour rencontrer enfin une mention écrite de Charnay, en latin *Carnacus*.

En 739, en effet, le 5 mai, un très riche et très important personnage, un grand seigneur du nom d'Abbon (*Abbo*), « qui pos-

séda le premier, dit-on, le territoire de Suze avec le titre de mar-
quis [1] », laissa par testament à l'abbaye de Novalaise, près Turin,
qu'il avait fondée ou restaurée, des immeubles considérables
situés en Piémont, Lombardie, Maurienne, Tarentaise, Dauphiné,
et, dans le Mâconnais, Charnay et Bassy [2]. Ces deux terres, par
lui achetées d'une certaine *Siagria*, étaient données aux moines
avec toutes leurs dépendances, les hommes libres ou affranchis,
les colons et les serfs [3].

Deux siècles plus tard, le 30 octobre 950, les moines de Cluny
dotèrent leur chapelle de Chevignes d'un domaine rural qu'ils
avaient à Charnay, avec trois serfs nommés *Girbertus*, *Gausbertus*
et *Radaldus* [4].

Quelque quarante ans après, en 987 ou 988, le diacre *Evrar-
dus* donna aux mêmes moines son curtil [5] de Charnay avec des
terres, des prés et des bois [6].

En 1022, au mois de juin probablement, l'abbé Odilon traita
d'un échange de biens avec le juif Salomon, et lui abandonna la
propriété d'une vigne, d'un pré et d'une terre à Charnay [7].

L'abbaye de Cluny n'était, d'ailleurs, pas la seule de nos grandes
institutions religieuses qui fût très anciennement possessionnée
à Charnay.

Le chapitre de la cathédrale Saint-Vincent de Mâcon y avait

---

1. *Dictionnaire des Abbayes*, pub. p. l'abbé Migne, 1856, col. 596.

2. Le texte porte : *In pago Matascense, Carnaco Arbasciaco*. Nous croyons
pouvoir proposer la lecture : *Carnaco ac* (ou *et*) *Basciaco*. Bassy est un hameau
de Saint-Gengoux-de-Scissé.

3. *Diplomata, chartæ, epistolæ, leges, aliaque instrumenta*, recueil formé p.
Bréquigny et La Porte du Theil, éd. J.-M. Pardessus, t. II, 1849, p. 372.

4. *Recueil des Chartes de l'abbaye de Cluny*, no 780.

5. Jardin dépendant d'une habitation de paysan.

6. *Recueil des Chartes de l'abbaye de Cluny*, no 1744.

7. *Ibid.*, no 2762.

de son côté, à la fin du Xe siècle, une chapelle sous le vocable de Saint-Pierre, dont l'évêque de Mâcon, Adon (*Ado*), vers 968-971, conféra le bénéfice à un chanoine nommé Eudes (*Odo*), pour sa vie et celle des siens durant [1].

L'abbaye de Saint-Pierre-hors-les-Murs de Mâcon y avait aussi dès la même époque d'importantes propriétés dont nous aurons à parler plus amplement tout à l'heure [2].

Bioux. — Nous l'avons dit, Bioux doit être identifié avec la *villa Buscidus* et la *villa Boscedus* qui figurent dans quatre chartes du *Cartulaire de Saint-Vincent de Mâcon*. Ces quatre chartes, que l'éditeur du *Cartulaire* a datées des années 888 à 898 et 936 à 954, sont relatives à des vignes et des champs possédés par un nommé *Walcaudus* (888-898) [3], ou vendus par des nommés *Mainerius* ou *Manuerius*, *Eldulfus* et *Virbertus*, et leurs femmes, *Osanna* et *Sisberga*, à un nommé *Aldo*, et sa femme, *Eldegart* (936 954) [4], ou engagés par le nommé *Aalbertus*, et sa femme, *Girberga*, aux mêmes *Aldo* et *Heldecart* (936-954) [5], ou enfin donnés par ladite *Heldiart* à un nommé *Girbert* (sans date) [6].

Il faut identifier encore, — c'est certain [7], — Bioux avec la *villa Buxida* d'une charte de Cluny, d'environ 987-994, charte par laquelle un nommé *Flotbertus*, et sa femme, *Odila*, donnent à la

---

1. *Cartulaire de Saint-Vincent de Mâcon*, n°s 406 et 478.

2. Voir plus loin, chap. IV : *Seigneuries ecclésiastiques*.

3. Charte 284.

4. Charte 301. Le champ, vendu 12 deniers, mesurait 30 perches de long sur 12 perches de large. La perche de Bourgogne valait 3 mètres 085.

5. Charte 271. Le champ était engagé pendant 20 ans et pour 6 sous.

6. Charte 147. La vigne donnée mesurait 18 perches de long et 12 et 11 de large à l'un et l'autre bout.

7. Bien que d'Arbois de Jubainville dise : « *Villa Buxida* en Mâconnais, dans une charte de 987-988 [sic], reste indéterminé. » (*Origines de la Propriété foncière*, p. 618.)

célèbre abbaye tous les biens qu'ils avaient audit Bioux, un curtil, une vigne et un champ [1].

LEVIGNY. — C'est, nous l'avons dit, le *Liviniacus* qu'on trouve dans diverses chartes du XIe siècle passées en faveur de l'abbaye des Cluny et de l'église Saint-Vincent de Mâcon.

La plus ancienne de ces chartes, — elle est du mois de février 1016, — contient la donation de « fillolage » [2] faite par un nommé *Dominicus* à un nommé *Aldo*, sa femme, *Olta*, et leur fils, *Lanber*, d'une vigne [3] et d'une terre [4] à Levigny [5]. La présence de cet acte dans le *Recueil des Chartes de Cluny* [6] s'explique par le fait vraisemblable que la vigne et la terre ont dû devenir ultérieurement la propriété de l'abbaye.

Une autre charte, d'environ 1020, contient la donation faite à l'abbaye de Cluny par un nommé *Raculfus*, d'un meix appelé *In Valeas* (peut-être *Laval*), et situé à Levigny [7].

Enfin une troisième et dernière charte, du 22 février 1023, contient encore la donation faite à la même abbaye par un nommé *Stephanus*, du moulin de Balme et de la chapelle du Saint-Sauveur, sise à Levigny, avec toutes ses dépendances [8].

1. *Recueil*, charte 1747.

2. Présent d'un parrain à son filleul.

3. Contenant 13 perches de long et 4 et 3 de large à l'un et l'autre bout.

4. Contenant deux journaux. Le journal de Bourgogne — c'est ce que l'on peut labourer en un jour — valait 34 ares 283.

5. Dans cet acte, le nom latin donné à Levigny est *Luviniacus*, mais il faut lire *Liviniacus*, car la localité est dite située *in agro Salorniaco*, c'est-à-dire dans la contrée de Salornay, commune d'Hurigny, tandis que nous savons que Lugny, *Luviniacus*, était compris *in agro Griviliacense*, c'est-à-dire dans la contrée de Grévilly (*Recueil des Chartes de Cluny*, n° 1611).

6. N° 2699.

7. N°s 2734 et 2735. Dans la première de ces chartes Levigny est dit *Liviniacus*, et dans la seconde *Luviniacus*.

8. N° 2777. Ici encore nous avons la forme *Luviniacus*, mais comme il n'y

Dans le cartulaire de Saint-Vincent de Mâcon, il y a une première charte, datée [1] de 937 à 962, par laquelle un *piissimus princeps Hugo* et le *benignissimus comes Leotaldus* confirment à l'église cathédrale la possession de ses vignes de Levigny [2]. Au nombre de ces vignes se trouvait sans doute celle qu'un certain *Raculfus* avait donnée par acte sans date [3].

De deux autres chartes, l'une, datée [4] de 1015 à 1033, nous apprend que *Wichardus* ou *Wicardus* donne à mi-fruit à un prêtre nommé *Eldebaldus* ou *Eldeboldus*, deux champs [5] pour y planter une vigne, sous réserve de partage par moitié après six ans [6] ; l'autre, sans date, nous fait savoir que le même prêtre *Hildeboldus* donne à une religieuse nommée *Heldecardis*, *Eldecardis* ou *Eldrarda*, sa vie durant, et à l'église de Saint-Vincent, après sa mort, ladite moitié de vigne [7].

Enfin une cinquième et dernière charte, datée [8] de 1074 à 1096, consacre la restitution faite à Saint-Vincent de deux meix, situés à Levigny, ainsi que de leurs terres, dont l'église avait été injustement dépouillée [9].

L'abbaye de Cluny et l'église Saint-Vincent de Mâcon n'étaient pas les seules institutions ecclésiastiques possessionnées à Levigny

---

a pas de désignation d'*ager*, nous ne pouvons affirmer d'une façon absolue qu'il s'agit de Levigny et pas de Lugny.

1. Par l'éditeur.
2. N° 70.
3. N°s 94 et 163.
4. Par l'éditeur.
5. Contenant, l'un 21 perches de long et 25 de large, l'autre 26 perches de long et 6 de large.
6. N° 174.
7. N° 184.
8. Par l'éditeur.
9. N° 26.

dès le haut moyen âge, puisque l'abbaye de Saint-Pierre-hors-les-Murs de Mâcon y avait un fief en totale justice [1].

MALCUS. — Cet écart paraît avoir eu pour origine le domaine d'un gallo-romain nommé *Marcius* [2]. A la fin du Xe siècle ou au commencement du XIe [3], un curtil qui s'appelait encore *Marcius*, fut donné par le nommé *Stephanus* à l'église Saint-Vincent de Mâcon [4].

MOULIN DE BALME. — Un certain *Stephanus*, le même sans doute qui posséda Malcus et qui décidément fut un très riche seigneur mâconnais des premières années du XIe siècle, donna, le 22 février 1023, à l'abbaye de Cluny, son alleu [5] de Chevagny-les-Chevrières, le moulin de Balme (*molendinum super Crabonnam ad Balmam situm*), la chapelle du Saint-Sauveur sise à Levigny, dont nous avons déjà parlé [6], enfin un champ et un pré à Vigousset, commune de Montmelard [7]. A cette date de 1023, un nommé *Gausmarus* tenait en fief de *Stephanus*, son seigneur (*senior*), le moulin de Balme et le pré y attenant [8].

MOULIN DU PONT. — Existait dès le XVe siècle, puisque Chavot l'a trouvé cité dans un terrier de Charnay en 1456 [9].

SAINT-LÉGER. — La plus ancienne mention de Saint-Léger que nous connaissions est de 937. Cette année-là, en effet, le 26 juin,

1. Voir plus loin, chap. IV : *Seigneuries ecclésiastiques*.
2. Voir plus haut, chap. II : *Noms des lieux habités et des lieux dits*.
3. Entre 996 et 1018.
4. *Cartulaire*, n° 148. Cette charte place le curtil sur le territoire d'Hurigny.
5. Bien héréditaire.
6. Voir plus haut, p. 25.
7. *Recueil*, n° 277.
8. *Id.*, n° 2099.
9. *Op. cit.*

l'évêque d'Autun retira à l'église de Blanzy la petite chapelle de Saint-Léger qui en dépendait, — *capellula sita in comitatu Matisco-nensi, omni episcopali debito immunis, sacrata in honore sancti Leodegarii martyris, oratorii voto constructa, et proinde cum parvo terrarum dote olim predicte nostri episcopatus ecclesie addicta* [1], — pour l'offrir à l'abbé de Cluny [2]. La construction de cette petite chapelle, ou mieux de cet oratoire votif, semble avoir donné naissance au village de Saint-Léger, à moins que le château n'ait préexisté, ce qui pourrait assigner à l'agglomération une origine plus lointaine encore. L'éperon qui sert d'assiette au château a dû, en effet, à raison de sa situation même, être occupé de tout temps et dès la plus haute antiquité.

Quelque vingt ans après l'acte de 937, au mois de septembre 961, un nommé *Tiericus* ou *Teudericus*, et sa femme, *Engi* ou *Engia*, donnèrent également à l'abbaye de Cluny, leurs biens de Solutré et de Saint-Léger [3].

Telles sont les deux plus anciennes mentions de Saint-Léger.

Au cours du moyen âge, l'évêque de Mâcon, à la prière ou du consentement de l'abbé de Cluny, érigea la petite chapelle en église paroissiale. De fait, Saint-Léger resta paroisse jusqu'à la Révolution, mais paroisse infime, puisqu'en 1790 elle ne comptait plus que 48 habitants, dont seulement 29 adultes [4]. Aussi n'est-il pas étonnant que son territoire ait été annexé à celui de Charnay lors de la division communale arrêtée le 27 mars 1790 par les député de Saône-et-Loire à l'Assemblée nationale [5].

---

1. « Une petite chapelle, située dans le comté de Mâcon, exempte de tout droit épiscopal, bâtie à titre d'oratoire votif, et donnée à l'église de Blanzy avec une petite dotation en terres. »

2. *Recueil*, n° 474.

3. *Id.*, n° 1111.

4. Voir plus loin, chap. VI et VII : *Églises* et *Population*.

5. Voir M. Siraud, *Les Administrateurs et les Préfets de Saône-et-Loire (1789-1886)*, 1886, p. 86.

Saint-Martin-des-Vignes.— Le noyau de cette agglomération a été une très ancienne abbaye, dite de Saint-Jean, puis de Saint-Jean-et-Saint-Martin, que le roi Louis d'Outremer donna à l'abbaye de Cluny le 1er juillet 946 [1] et dont le roi Lothaire lui confirma la possession le 20 octobre 955 [2].

Du fait de son union à la célèbre abbaye, Saint-Jean-et-Saint-Martin tomba au rang de simple doyenné [3], et prit par la suite l'appellation de *Saint-Martin-des-Vignes* (*Sanctus Martinus de Vineis*).

En 1589, l'abbé de Cluny s'adressa aux échevins de Mâcon, « pour l'édification d'une chappelle au lieu où anciennement soulloit estre l'église et doyenné de Sainct-Martin-des-Vignes lez ledict Mascon, à laquelle édiffication les hoirs feu honorable Guillaume Pavallier sont tenuz par certain contract faict et passé entre ledict sieur abbé et ledict feu Pavallier de la place dudict doyenné ». Mais par délibération du 21 juin, les échevins refusèrent d'autoriser cette construction, « considéré que jà cy-devant les bastimens dudict doyenné avoient esté abbatu et desmolly pour le dommage et préjudice que ils pouvoient apporter à la conservation de la ville, ce que pourroit encore faire ladicte chapelle si elle estoit bastie, laquelle pourroit servir de retraicte aux ennemis et mal affectionnés à ladicte ville pour la surprandre soit la nuict ou aultrement, à cause que le lieu de ladicte chapelle n'est eslongné de ladicte ville de deux portées d'arcquebuse [4] ».

---

1. *Recueil*, n° 688.

2. *Id.*, n° 980. Nous croyons que l'éditeur du *Recueil* a eu tort (p. 77, n. 3) de parler de deux *églises*, l'une de *Saint-Jean*, l'autre de *Saint-Martin*, car le texte de la charte est : *abbatiam Sancti Johannis et Sancti Martini*. Ce qu'il faut traduire, selon nous, par : *une abbaye sous le double vocable de Saint-Jean et de Saint-Martin*.

3. Son nom est resté à la rue du Doyenné, à Mâcon.

4. Archives municipales, GG. 108, n° 2.

L'abbé de Cluny, en qualité de doyen de Saint-Martin-des-Vignes, y jouissait de tous droits seigneuriaux, notamment de la justice, haute, moyenne et basse, et y percevait les dîmes, cens [1], servis [2] et lods [3]. Depuis la fin du xve siècle il affermait à des laïques son doyenné, qui lui rapporta, par an : 120 livres en 1478 ; 300 livres en 1533 ; 420 livres et 4 chapons gras en 1580 ; 700 livres en 1613 [4]. Le fermier de 1580 était précisément Guillaume Pavallier, à qui l'abbé imposa par son bail la construction d'une chapelle en remplacement de l'église détruite pendant les guerres de religion.

Le territoire de Saint-Martin-des-Vignes a été détaché de la commune de Charnay et annexé à la ville de Mâcon en exécution d'une loi votée par le Corps législatif, le 3 avril 1856. Cette mesure faisait perdre à Charnay 24 hectares sur 1.300 et 477 habitants sur 1.300 également [5].

VERNEUIL. — Ce hameau, d'après son nom [6], peut dater de l'époque de la colonisation romaine. Mais les plus anciennes mentions que nous en avons ne remontent qu'au xe siècle.

En effet, différents particuliers donnèrent successivement à l'abbaye de Cluny, savoir : *Humbertus juvenis*, du consentement de ses frères, *Gerardus* et *Artoldus* (alias *Artaldus*), et de sa mère, *Agia*, une vigne *in villa Vernulias*, à une date comprise entre 927 et 942 [7] ; *Rannulfus*, un curtil avec le meix et la vigne d'un même tenant, *in villa quam nunccupant Vernolio*, au mois de juin 943 ou 944 [8] ;

---

1. Redevance annuelle d'un bien envers le seigneur dont il meut.
2. Menu droit analogue au cens. Voir plus loin, p. 35, n. 1.
3. Droit de mutation dû au seigneur dont meut le bien vendu.
4. Archives départementales, H. 22, fol. 263.
5. *Id.*, série M. — Voir plus loin, chap. X : *L'Administration municipale.*
6. Voir plus haut, chap. II : *Noms des lieux habités et des lieux dits.*
7. *Recueil*, n° 317.
8. *Id.*, n° 649.

Donadeus (Donadieu), prêtre, une vigne avec le champ attenant, la moitié d'un moulin, d'un champ et d'une écluse sur la Grosne, et une saulaie, le tout *in villa Vernulio,* le 29 avril 972 [1].

Vers le même temps, de 968 à 971, un prêtre nommé *Rotardus,* donna aussi à l'église cathédrale Saint-Vincent de Mâcon, *in villa que vocatur Vernulio,* un curtil avec la vigne et le champ attenants [2].

1. *Recueil,* nº 1314.
2. *Cartulaire,* nº 252.

IV

SEIGNEURIES ECCLÉSIASTIQUES

(Charnay, Levigny.)

L'antique abbaye de Saint-Pierre-hors-les-Murs de Mâcon, située à la porte de la Barre, entre les rues actuelles de Rambuteau et de l'Héritan, et tombée au rang de simple prieuré, — prieuré finalement uni, en 1471 [1], à l'église paroissiale de Saint-Pierre *intra muros* [2] — eut de très bonne heure, à Charnay et à Levigny, d'importantes propriétés, sur l'origine desquelles nous manquons de détails par suite de la destruction des archives de l'église au XVIe siècle.

Dans plusieurs chartes de l'abbaye de Cluny et de la cathédrale Saint-Vincent de Mâcon ces terres de Saint-Pierre sont dès le Xe siècle mentionnées comme confins [3].

D'autre part, nous savons que vers 1096 le comte de Bourgogne, Guillaume II dit *l'Allemand*, donna aux religieux de Saint-Pierre un meix à Charnay [4], et qu'à la même époque sans doute, en tous cas antérieurement au XIIe siècle, une grande dame, Die la Chevrière (*Dia cognomento Capreria*), leur laissa une vigne située dans la même paroisse [5].

1. Archives municipales, GG. 98, nos 16-19.
2. C'est sur son emplacement qu'a été bâti le Nouveau Saint-Vincent.
3. Voir notamment le no 2762 du *Recueil*.
4. *Necrologium ecclesiæ Sancti Petri Matisconensis*, pub. p. M.-C. Guigue, 1874, p. 78.
5. *Ibid.*, p. 19.

Au moyen âge toutes ces propriétés constituaient par leurs groupements respectifs deux seigneuries distinctes, celle de Charnay et celle de Levigny, comportant l'une et l'autre tous droits féodaux, notamment la justice.

Le droit de justice haute, moyenne et basse, — *jurisdictio omnimoda*, — fut confirmé au prieur, en ce qui concernait Levigny, par les rois Philippe le Hardi en 1282 [1] et Charles le Bel en 1327 [2]. Et le prieur l'exerça rigoureusement, car la même année 1327 son prévôt fit couper l'oreille à un nommé Huguenin de Vougie qui s'était rendu coupable de différents vols. Ce Vougie, en 1341, récidiva. Il assomma une poule à coups de bâton et l'emporta cachée sous ses vêtements, mais le « sergent » de Levigny l'aperçut, l'arrêta et le conduisit dans les prisons de Saint-Pierre. On instruisit son affaire, et il fut condamné à être promené dans le village et sur le territoire de Levigny, une poule au cou, fustigé en public et banni à perpétuité de la seigneurie [3].

Tant que les seigneuries, Charnay et Levigny, restèrent distinctes, les justices s'exercèrent séparément. Il en était ainsi encore au XVIIe siècle [4], mais au XVIIIe la soudure existait [5]. Seigneuries et justices englobaient alors le bourg de Charnay, Verneuil, les Giroux,

---

1. *Les Olim*, éd. Beugnot, t. II, 1842, p. 208. — *Livigniacus* y est appelé *Lovigniacus*, mais, venant de scribes parisiens, cette erreur est excusable.

2. Archives départementales, G. 308, n° 3.

3. Id., *ibid*.

4. On conserve aux Archives départementales deux registres de la justice de Levigny allant de 1650 à 1672 (G. 311, n°s 2 et 3). Les juges successifs ont été pendant cette période de vingt-deux ans : Claude Buffet (1650-54), Alexandre Delaporte (1654-67) et François Viard (1667-72), tous trois avocats.

5. Nous avons aux Archives départementales deux liasses de minutes de la justice unifiée de Charnay, Levigny et dépendances, allant de 1768 à 1786 (B. 1720 et 1721). Les juges furent pendant ces dix-huit ans : Jean-Baptiste Gelin (1768-70) et Louis-Anselme Garnier (1770-86), tous deux avocats.

les Proux [1], le Voisiné, Laly, Levigny et le hameau de la Madeleine appelé aussi Pavé de la Barre ou Faubourg de la Barre. Le juge rendait habituellement ses sentences en son hôtel particulier, à Mâcon, *par emprunt de territoire*, ou par *territoire emprunté*, comme disent les actes, car il y avait « salle de l'auditoire » à l' « hôtel des Incurables » ou « hôtel de la Providence [2] ». Les assises générales, auxquelles tous les chefs de ménage étaient tenus de comparaître, sous peine « de trois livres d'amende, à cause de leur désobéissance », se tenaient : pour les habitants du bourg et des hameaux ruraux, « au château de Charnay et sur la place y attenante, près l'église du lieu [3] » ; pour les habitants du faubourg de la Barre, « dans la cour de l'auberge des Champs-Élisées, au-devant de la grande place au-dessus et en soir de la porte de la Barre [4] », ou « sur la place de Saint-Éloi [5], rière le fauxbourg de la Barre [6] ». C'est aux assises générales que le juge faisait publier ses ordonnances et règlements de police. Nous avons le texte de ceux qui furent rendus en 1779 ; on les trouvera reproduits à la fin de ce volume, car nous ne voulons pas allonger le présent chapitre outre mesure.

---

1. Ce hameau, dont le nom ne figure pas au plan cadastral, est situé au-dessous du château de Condemine et se trouve presque soudé aujourd'hui au hameau du Voisiné. On écrit actuellement : *les Proux*. C'est un nom de famille, car on trouve les formes : *les Perrot* en 1779 (Archives départementales, B. 1720, n° 275); *les Perraud* en 1781 (id., B. 1721, n° 73); *les Perroux* en 1783 (*Nouvel État des villes, bourgs et paroisses du duché de Bourgogne*, in-4°.)

2. Archives départementales, B. 1721, n° 160.

3. Id., B. 1720, n° 275.

4. Id.

5. « Ses confins sont de midy la grande rue descendante du fauxbourg à la porte de la Barre, de matin les fossés de la ville, de bize les jardins de l'hôtel-Dieu et la fontaine de Léritan, et de soir les maisons de plusieurs particuliers un chemin d'aisance entre deux. » (Archives départementales, B. 1721, n° 73.)

6. Archives départementales, B. 1721, n° 73.

Les droits seigneuriaux dont Saint-Pierre jouissait à Charnay et à Levigny étaient, outre la justice, des cens et servis et des dîmes.

Les cens et servis [1] étaient de menues redevances, en argent et en nature, que les immeubles payaient aux seigneurs dont ils mouvaient.

Pour les dîmes, leur quotité avait été fixée par sentence du bailliage de Mâcon du 18 janvier 1574, confirmée par arrêt du parlement de Paris du 9 juillet 1575, en suite d'un procès entre le chapitre de Saint-Pierre, d'une part, François et Henri de Cheminant, seigneurs successifs de Verneuil, ayant pris fait et cause pour « Josserend Fuillens », leur granger, et les habitants de Charnay, d'autre part. Ces derniers furent condamnés à laisser lever désormais : des grains (froment, seigle, orge, etc.), la onzième gerbe ; des légumes (pois, fèves, gesse, vesce, lentilles, millet, etc.), la seizième coupe [2] ; du vin, la seizième benne de vendange. A l'occasion de ce procès, et pendant plus d'un an, soit depuis le jour de l'appel de la sentence du bailliage (4 juillet 1574) jusqu'au jour de l'exécution de l'arrêt du parlement (1er septembre 1575), un certain nombre de laboureurs de Charnay furent mis et gardés en prison. C'étaient: Jean Barbet, Vivant Porcher, François Dubief, Jean Charlet, les frères Benoît et Claude Giroud, Georges Vigoureux, Michel Teste, Étienne Michel, Denis Barbet et Claude Plassard [3].

D'après une déclaration des revenus du chapitre de Saint-Pierre en 1729, la dîme des grains était alors amodiée pour la

---

1. « Ces deux mots, pris conjointement ou séparément, ne signifient que la même chose. » (Cl.-J. de Ferrière, *Dictionnaire de droit et de pratique*, t. I, 1749, art. *Cens.*)

2. La coupe contenait 13 litres 493.

3. Voir la sentence et l'arrêt dans le Cartulaire de Verneuil, fos 130-132. (Archives départementales, E. Supplément. Famille Barthelot d'Ozenay.)

quantité de 79 ânées [1], et comme l'ânée valait environ 15 livres,
cela pouvait donner au total 1.184 livres ; la dîme des légumes
était trop peu de chose pour entrer en ligne de compte ; la dîme
du vin, elle, rapportait environ 148 tonneaux [2], et le tonneau
valait moyennement 8 livres 10 sous (non compris le fût, qui
se payait 3 livres 10 sous), ce qui faisait donc 1.258 livres [3].

A côté de ces droits, il y avait des biens de rapport : le domaine
de « la Grange de Saint-Pierre », consistant en maisons, terres, prés
et vignes, amodié 1.250 livres par an ; le domaine de « la Grange
de Béost » (Bioux), consistant aussi en maisons, terres, prés,
vignes et moulin, amodié 1.050 livres par an ; « la vigne de la
Villiers », amodiée 100 livres par an ; enfin douze vignes, de
chacune 15 à 20 ouvrées [4], avec neuf maisons servant au
logement des vignerons, lesdites vignes produisant année moyenne
144 tonneaux, valant en argent, fûts non compris, 1.224 livres
qui se partageaient par moitié entre le chapitre et les vignerons.

Bref, les revenus du chapitre de Saint-Pierre, du fait de ses
seigneuries de Charnay et Levigny [5], s'élevait en 1729 à 6.224
livres, mais les charges correspondantes étaient évaluées à 3.956
livres, de sorte que le bénéfice n'allait qu'à 2.268 livres.

Parmi les charges annuelles, citons : l'achat de 183 fûts pour
entonner le vin de la dîme et des vendanges, à 3 livres 10 sous

1. L'ânée était de 18 coupes.
2. Le tonneau, jauge de Mâcon, était de 209 litres 166.
3. Par bail du 27 juin 1764 le chapitre afferma son droit sur toutes les
« choses décimables rière la paroisse de Charnay » moyennant 4.070 livres
par an. (Minute de Mᶜ Séméraire, notaire à Mâcon. Archives départementales,
E. Supplément. Fonds des Notaires.)
4. L'ouvrée contenait 4 ares 285.
5. Les cens et servis, peu importants à raison, dit la déclaration, du nombre
des fiefs laïques et des francs-alleus qui existaient dans l'étendue de la paroisse,
faisaient avec ceux des autres seigneuries du chapitre, l'objet d'un bail global.
— On appelait *franc-alleu* un bien héréditaire exempt de tout droit seigneurial.

le fût, soit 740 livres 10 sous ; le paiement au curé de Charnay d'une portion congrue [1] de 30 livres, plus huit tonneaux de vin, sans les fûts, valant 68 livres, plus 15 ânées et 12 coupes de froment à 18 francs l'ânée, soit 270 livres ; pour l'entretien de l'église de Charnay, ou tout au moins du clocher et du chœur [2], et pour l'achat de vases sacrés et ornements, 60 livres ; etc. [3].

Tous les biens du chapitre de Saint-Pierre situés sur le territoire de la commune de Charnay furent, en vertu des lois révolutionnaires acquis à la Nation, et vendus les uns après les autres.

Claude-Louis Chamborre, procureur [4] à Mâcon, acheta la Grange de Bioux, avec des prés à Saint-Clément-lès-Mâcon, Grièges et Replonges, pour 52.100 livres, et la Grange-Saint-Pierre et dépendances pour 72.700 livres (30 et 31 décembre 1790).

Jacques Buy, marchand de vin à Mâcon, acheta une grange avec un pressoir contenant deux cuves, au Voisiné, pour 1.425 livres (11 janvier 1791).

Philibert Dorin, marchand drapier à Mâcon, acheta un vigneronnage sur la place de l'église de Charnay [5], pour 7.850 livres (11 janvier 1791).

François Gachot, de Prissé, acheta un vigneronnage à Laval, pour 12.200 livres (11 janvier 1791).

Jacques Maillet, fermier de la Grange-Saint-Pierre, acheta le

1. Pension annuelle que le décimateur était tenu de payer au curé pour sa subsistance.

2. Dans les églises, les frais de construction, réparation et entretien du clocher et du chœur incombaient au seigneur ; ceux de la nef étaient à la charge des paroissiens.

3. Archives départementales, G. 314, n° 10.

4. Avoué.

5. C'est la propriété située au levant de la place, et que l'aspect vétuste de ses bâtiments rend assez curieuse. Certaines fenêtres datent du XVe siècle.

domaine de la Villy [1], avec une terre et une vigne venant de la
confrérie de Saint-Georges en l'église Saint-Vincent de Mâcon,
pour 30.300 livres (22 février 1791).

Benoît Moiroud, tanneur à Mâcon, acheta un vigneronnage
aux Neuf-Clefs, pour 20.000 livres (16 mars 1791).

André Corsin, de Levigny, acheta le vigneronnage dit *la Cal-
lionne*, audit Levigny, pour 16.800 livres (16 mars 1791).

Jean Dumont, tonnelier et marchand de vin à Chevagny-les-
Chevrières, acheta « une grange pour la retraite de la dîme, située
place de l'église » à Charnay [2], les pressoirs et cuves de ladite
grange, et une vigne de 11 coupées, pour 6.275 livres (11 avril
1791).

Étienne Garnier, de Charnay, acheta la grange de la dîme de
Levigny, avec deux pressoirs et deux cuves, pour 2.300 livres
(20 mai 1791).

Jean Labalme, marchand à Loché, acheta la grange des Giroux,
pour 3.000 livres (20 mai 1791).

Si nous voulons en finir avec la question des biens nationaux
d'origine ecclésiastique, il nous faut citer encore les acquisitions
suivantes :

Françoise Bellon, veuve Ratton, acheta pour 33.400 livres, un
domaine à Condemine, provenant des Jacobins de Mâcon (11 janvier 1791) ;

---

1. Le cadastre a conservé le nom de lieu dit *Clos de la Villy*, près du
hameau des Giroux. « Le 4 juillet [1628] la peste se déclara plus fortement…
Messieurs de Saint-Pierre se virent obligés de sortir de la ville pour se renfer-
mer dans leur fief de la Viller [*sic*], dans leur justice de Charnay, pour y tenir
leur chapitre et se garantir de la maladie ; mais voyant leur église entièrement
déserte, ils délibérèrent et fixèrent leur retour à la ville pour le mois de
décembre suivant… » (*Histoire des Révolutions de Mâcon sur le fait de la Religion*, p. M. D***, 1760, p. 317.)

2. C'est sans doute un des bâtiments situés au midi de la place. On y voit
une belle fenêtre à croisée de pierre remontant au XVIᵉ siècle.

André Corsin, de Levigny, acheta pour 19.000 et 36.300 livres, des vigneronnages à Franclieu, provenant, l'un des Minimes de Mâcon, l'autre du Séminaire de la même ville (11 janvier 1791);

Guillaume Choquier, tonnelier à Mâcon, acheta pour 16.700 livres un vigneronnage à Laval, provenant des Minimes de Mâcon (11 janvier 1791);

Pierre-Marie Morin, chamoiseur à Mâcon, acheta pour 3.250 et 6.000 livres, la vigne dite *la Bâtonne* à Levigny, provenant de la chapelle Saint-Sébastien de l'église Saint-Vincent de Mâcon, et le vigneronnage dit *la Bavarde*, provenant de la chapelle Sainte-Catherine de la même église (11 janvier 1791);

Les sieurs Mure et Aujas, propriétaires à Mâcon [1], achetèrent pour 2.500 francs [2], l'église et le presbytère de Saint-Léger (15 fructidor an IV, 1er septembre 1796);

Louis Vondière, revendeur, et Claude Dutroncy, aubergiste, tous deux à Mâcon, achetèrent pour 4.500 francs le presbytère de Charnay (18 brumaire an VI, 8 novembre 1797);

Le même Dutroncy, acheta pour 1.419 francs une vigne de 12 coupées près du presbytère et une autre de 2 coupées près du cimetière, provenant de la cure de Charnay (11 pluviôse an V, 30 janvier 1797);

Enfin Pierre Genty, commissionnaire en vins, à Mâcon, acheta pour 1.000 francs une terre de 4 coupées dite *Piémont*, provenant aussi de la cure de Charnay (6 pluviôse an VI, 25 janvier 1798).

On ne voit figurer aucun bois dans ces ventes. C'est qu'on les incorpora, et dans toute la France d'ailleurs, au domaine national.

---

1. En 1781, Mure était tailleur d'habits rue du Change (Dombey), et Aujas, marchand de vin rue de la Barre. (Archives municipales, BB. 235.)

2. On remarquera la substitution du *franc* à la *livre* par suite de l'adoption du système métrique le 18 germinal an III (7 avril 1795.)

Ceux de Charnay furent néanmoins aliénés — six petites pièces en tout, — après la Révolution (28 frimaire an VIII, 19 décembre 1799) [1].

1. Archives départementales, série Q. — En ce qui est des biens nationaux d'origine laïque, on en vendit fort peu à Charnay : les prés de Marbou et la terre dite *la Pendouille* provenant de l'émigré François-Charles-Marie Perrier, seigneur de Marigny (Vérizet) (17-21 floréal an II, 6-10 mai 1794); deux prés dits *en Satin* ou *Pré de Grosne*, provenant de l'émigré Abel-Jean-Baptiste Desvignes, seigneur de Davayé (21 floréal an II, 10 mai 1794); enfin deux autres prés dits *Pré Saint-Pierre*, provenant de l'émigré Joachim Denamps, lieutenant général au bailliage de Mâcon (21 floréal an II, 10 mai 1794.)

CHARNAY-LÈS-MACON. — Château de Champ Grenon.

V

SEIGNEURIES LAIQUES [1]

(Champ Grenon, Condemine, la Batie, la Tour de Langes,
les Chanaux, Saint-Léger, Verneuil.)

La Bâtie, la Tour de Langes, Saint-Léger et Verneuil étaient
seuls des fiefs de date ancienne. Champ Grenon, Condemine et
les Chanaux n'ont guère apparu, en tant que seigneuries, qu'au
XVIe siècle.

Champ Grenon

La terre de Champgrenon, ou mieux Champ Grenon [2], fut
détachée de la seigneurie de la Bâtie et érigée en fief d'honneur
et non de profit, sans justice [3], pour un magistrat du bailliage de
Mâcon, le procureur du Roi (1573) et lieutenant général (1591)
Aimé de Rymon.

Son fils, Pierre de Rymon, lieutenant particulier au bailliage

1. Leur histoire a été écrite par feu l'abbé Rameau, dans un précieux manuscrit sans date, intitulé *Châteaux Mâconnais*, et appartenant à l'Académie de
Mâcon, et par M. Fr. Perraud, dans un beau volume publié en 1912 sous le
titre de : *Les Environs de Mâcon*. C'est d'après ces deux auteurs que nous avons
rédigé le présent chapitre. Aussi trouvera-t-on dans les notes peu de références aux
sources originales.

2. Telle est la graphie du plan cadastral.

3. « Fief et justice n'ont rien de commun ensemble, mais sont droits divers,
distincts et séparés. Tel a droit de justice en un lieu, qui n'a aucune féodalité
ni censive audit lieu, tel au contraire a droit de féodalité et de censive, qui n'a
aucune justice. » (Cl.-J. de Ferrière, *Dictionnaire de droit et de pratique*, t. I,
1749, art. *Droit de justice.*)

(1614), et son petit-fils, Claude de Rymon, secrétaire du Roi [1] (1673), furent seigneurs de Champ Grenon.

Puis, la terre passa successivement à deux filles de Claude de Rymon : Constance, épouse de Claude Buchet de Royer, secrétaire du Roi (1680), mort en 1732, sans enfants ; Marie, épouse de Philibert Barthelot d'Ozenay, seigneur de Rambuteau, lieutenant de Roi à Mâcon, mort vers 1725.

Philibert Barthelot d'Ozenay eut : pour fils, Claude Barthelot de Rambuteau, lieutenant de Roi à Mâcon après son père (1693) ; pour petit-fils, un second Claude Barthelot de Rambuteau, major au régiment de Conti ; pour arrière-petit-fils, Claude-Philibert Barthelot de Rambuteau, né à Mâcon le 9 novembre 1781, député de Saône-et-Loire (1827-1833), préfet de la Seine (1833-1848), mort à Champ Grenon le 23 avril 1869 et inhumé à Charnay.

L'ancien préfet de la Seine eut trois filles, mariées : l'aînée au comte de Mesgrigny ; une autre au comte de Rocca ; la troisième au baron de Buffières, dont le fils aîné fut autorisé à relever le titre et le nom de son grand-père maternel et devint ainsi le comte de Rambuteau (1838-1912).

Champ Grenon appartient aujourd'hui à la descendance des Buffières.

Les parties les plus anciennes du château, notamment les deux pavillons de la grande entrée, actuellement en surplomb par suite de l'abaissement du niveau de la route, remontent à l'époque Louis XIII et datent vraisemblablement du temps d'Aimé de Rymon. L'entrée située au levant est récente ; celle du couchant est ancienne et porte l'inscription suivante : CAMPVS GRYNÆVS MVSIS ET APOLLINI SACER (Champ Grenon, temple des Muses et d'Apollon), due, croit-on, à Pierre Tamisier, président en l'élection

---

1. Charge purement honorifique, qui anoblissait.

Cl. Bourgeois fr., Chalon.

CHARNAY-LÈS-MACON.   Château de Condemine.

de Mâcon, qui, à l'instigation de son ami, Aimé de Rymon, chez
lequel il allait volontiers villégiaturer, commença à Champ
Grenon, « pendant le temps des vendanges », son *Anthologie* ou
traduction en vers français « des plus beaux épigrammes grecs »[1].

Si le château, remanié au XVIIIe siècle et sous le premier
Empire, manque un peu d'intérêt, il n'en était pas de même
du beau parc dessiné par Morel, l'architecte paysagiste de la
Malmaison. Malheureusement ce parc vient d'être rasé :

> Maintenant le desdain des passans altérez
> Qui, bruslez en l'esté des rayons ethérez,
> Sans plus trouver le frais de tes douces verdures,
> Accusent tes meurtriers et leur disent injures [2] !

Et nous apprenons que le bâtiment lui-même, malgré les sou-
venirs historiques qui s'y attachent, est condamné à la démolition
(1919).

CONDEMINE

François Gratier, échevin de Mâcon, prenait déjà la qualité de
« seigneur de Condemine » dans l'acte par lequel, en 1596, il
acquit, pour le prix de 130 écus, la partie de la châtellenie royale
de Davayé située sur Charnay[3].

Sa fille, Suzanne Gratier, épousa Gratian Bauderon, médecin
à Mâcon, mort en 1615, dont les deux fils, François Bauderon,
élu en l'élection de Mâcon, mort en 1640, et Brice Bauderon,
lieutenant général au bailliage de Mâcon, mort en 1698, furent
successivement seigneurs de Condemine. Après Brice Bauderon,
Condemine passa à son fils, Antoine (1643-1737), seigneur aussi

---

1. Le permis d'imprimer est du 11 décembre 1584.
2. Ronsard, *Contre les Bûcherons de la forest de Gastine*, élégie.
3. Voir H. George, *Histoire du village de Davayé*, 1906, p. 95.

de Sennecé-lès-Mâcon, poète qui a laissé un nom dans l'histoire des lettres, et à son petit-fils, Brice Bauderon de Sennecé (1679-1741), colonel de la milice de Mâcon.

La veuve de ce dernier vendit la terre 33.000 livres à Étienne Blondel, receveur des émoluments du sceau au présidial de Mâcon, qui la repassa en 1763 à Jacques Ratton, secrétaire du Roi. Anne-Adélaïde Ratton, épouse de M. Mure, consul général de France en Égypte, en hérita en 1800 et la garda jusque vers 1820.

Une dame Mers, un M. Bretonville et un M. Pitrat en ont été depuis lors propriétaires.

La portion de la châtellenie de Davayé, aliénée par le Roi, et que Thomas Chandon, lieutenant particulier au bailliage de Mâcon, revendit à François Gratier, en 1596, était d'assez minime importance ; elle se composait d'une justice peu étendue et de quelques cens et servis[1]. A la fin du XVIIIe siècle, en 1786, ce petit fief avait été rétrocédé par le seigneur de Condemine et était réincorporé à la rente noble de Davayé, qui appartenait au seigneur du lieu [2].

Le château de Condemine, bâti par François Gratier, existait dès 1614. Brice Bauderon, en 1741, le fit remanier et flanquer de pavillons, tel qu'il est encore de nos jours.

La Batie

Cette seigneurie est très ancienne. Elle a appartenu au XVe siècle aux Véré, au XVIe et au XVIIe aux Busseul, au XVIIIe aux Vauban. Anne-Henriette de Busseul, la dernière du nom, avait en effet épousé en 1699 Antoine de Vauban, lieutenant général des armées

---

1. Un registre terrier du fief de Condemine, de 1682 à 1684, est conservé aux Archives départementales (E. 101).

2. Voir le terrier de 1786 aux Archives départementales (E. 220).

du Roi et parent du célèbre maréchal et ingénieur [1]. Les petits-fils d'Antoine de Vauban vendirent la Bâtie, en 1785, à Claude Barthelot de Rambuteau, major au régiment de Conti, seigneur de Champ Grenon. Depuis lors le sort de la Bâtie fut lié à celui de Champ Grenon, tandis que, comme nous l'avons dit, Champ Grenon, antérieurement à la fin du XVIe siècle, faisait partie intégrante de la seigneurie de la Bâtie.

En 1722 la terre était donnée à bail pour le prix annuel de 1.200 livres en argent et 100 livres de beurre fondu.

En 1785, M. de Rambuteau la paya 60.000 livres. Elle comprenait à cette époque : 851 coupées [2] de terres estimées 23.000 livres ; 373 coupées de prés estimées 28.800 livres ; 67 coupées de vignes estimées 3.400 livres ; un terrier [3] évalué à 4.200 livres. Les cens et servis qui constituaient ce terrier donnaient un produit annuel de 105 livres 12 sous, savoir en : argent, 5 livres 3 sous ; froment, 11 coupes 3/4 et 1/8 ; avoine, 5 coupes 2/3 ; noix, 14 coupes 1/3 et 1/24 ; châtaignes, 2/3 de coupe ; vin, 732 pots [4] à 1 sou 6 deniers [5] l'un ; poules, 2, 3/4, 1/12, 1/36, et 1/3 de 1/144 [6].

---

1. Sébastien de Vauban (1633-1707).

2. La coupée valait 3 ares 957.

3. Ici *terrier* signifie l'ensemble des droits féodaux ou roturiers dus au seigneur dans l'étendue d'une terre.

4. Bouteilles.

5. Le denier était la douzième partie du sou.

6. La quotité infime de cette redevance, — le 144e d'une poule, — paraît étonnante à première vue, mais elle résulte du morcellement extrême de la propriété foncière. Nous avons déjà signalé des droits analogues dus au seigneur de Saint-Point : la moitié du 1/144 d'un quarteron de froment ; le huitième du 1/144 d'une poule ; le quatre-vingt-seizième du 1/144 d'une livre de cire ; etc. (*Histoire de Saint-Point*, 1898, p. 50 et 51). Ces droits ne pouvaient s'acquitter qu'en numéraire, à l'aide de deniers, — le denier étant la 240e partie de la livre d'argent. Encore fallait-il souvent laisser plusieurs années s'écouler pour que les termes échus de droits aussi minimes eussent atteint la valeur d'un denier.

Le château de la Bâtie, dans lequel nous avons vu encore des détails intéressants (portes, fenêtres, meurtrières, escalier à vis, cheminées), se trouve défiguré par les réparations qui lui ont été infligées il y a quelques années à la suite d'un incendie.

Il a conservé une partie de ses fossés.

Au nombre des dépendances immédiates du château il y a un bâtiment rectangulaire, à usage de grange et remise, qui est l'ancien *temple* dit *de la Coupée*, construit en 1618 sur un terrain que le seigneur de la Bâtie avait vendu à un avocat de Mâcon, Daniel Guichard. C'est là que venaient au prêche, au XVIIe siècle, les protestants de la ville et ceux de certains villages voisins où ils étaient assez nombreux, comme Davayé, Solutré, Bussières et Pierreclos [1].

La Tour de Langes

Ce château s'appela d'abord *la Tour de Charnay*, puis *la Tour du Mouton* lorsque Georges du Mouton (1451) et Claude du Mouton (1471) en furent seigneurs, enfin *la Tour de Langes*, après que Jean du Mouton (1560) fut devenu seigneur de Langes en Bresse par son mariage avec Antoinette, dame dudit Langes et de Saint-Sulpice [2]. Charles-Emmanuel du Mouton étant mort sans enfants (1655), ses biens passèrent à Philippe Galland, son frère utérin, né du second mariage d'Angélique de Mareste, sa mère, contracté en 1648 avec Jean Galland, seigneur de Venières. En 1663, le fief fut vendu, pour le prix de 14.000 livres, par Jean-Baptiste de Billy, seigneur des Échelles [3], à Anne de Tenay

---

1. *Histoire des Révolutions de Mâcon sur le fait de la Religion*, p. M. D***, 1760, p. 286 et 296. Cet auteur commet une erreur quand il dit qu'en vertu des édits de Louis XIV « le Temple de la Coupée fut rasé » (p. 321).

2. Canton de Bâgé-le-Châtel (Ain).

3. Commune d'Ambérieu (Ain).

de Saint-Christophe, veuve de Gaspard de Chevriers, seigneur
de la Saugerée. Son frère, Marc de Tenay de Saint-Christophe,
chanoine de l'église Saint-Pierre de Mâcon, hérita d'elle et vendit
la terre en 1692, 7.300 livres, à François Bernard de Châtenay.
Mais, la même année, usant du droit de retrait lignager [1], les frères
Philibert-Alexandre de Chevriers de Changy et Alexandre de
Chevriers de Saint-Maurice, tous deux chanoines de l'église Saint-
Pierre de Mâcon, la reprirent. Elle resta aux Chevriers jusqu'à
la mort (1783) de Léonard-François de Chevriers, qui eut les
Damas pour héritiers. En 1787, François-Jacques de Damas,
maréchal de camp, et son fils, Louis-Charles de Damas, maître
de camp, la vendirent moyennant 31.000 livres, à Philibert
Dorin, négociant à Mâcon, dont la fille, Anne Dorin, épousa
M. de Roujoux, fils du baron de Roujoux, préfet (1802-1814) du
département de Saône-et-Loire.

La Tour de Langes appartient toujours aux de Roujoux.

En 1560, ce fief, qui était sans droit de justice, ne rapportait
que 17 livres de rente. Il était donc de peu de valeur, ce qui est
confirmé par ses différents prix de vente que nous venons de citer :
14.000 livres en 1663 ; 7.300 en 1692 ; 31.000 en 1787.

Le château consistait autrefois, ainsi que son nom l'indique,
en une simple tour, dans laquelle il y avait, en 1678, « deux
chambres hautes, une cuisine du côté de vent, autre chambre du
côté de matin, avec cellier, cave voûtée au-dessous et autres
appartenances [2] ». A sa place s'élève aujourd'hui une habitation
moderne, sans style, d'où l'on jouit d'une vue très étendue sur
la Bresse et sur le Mâconnais.

---

1. Droit qui permet au parent de la lignée dont est venu au vendeur un
bien vendu, de retirer ce bien des mains de l'acquéreur afin de le conserver dans
la famille.

2. Fr. Perraud, *op. cit.*

Des anciennes constructions il ne subsiste qu'un colombier situé au levant du chemin tendant du hameau de la Massonne au bourg de Charnay.

Les Chanaux

Fief de très minime importance, compris dans la justice de Levigny du chapitre de l'église Saint-Pierre de Mâcon.

Le premier possesseur des Chanaux qui s'en soit qualifié « seigneur » est Philibert Delaporte, contrôleur général du domaine du Roi à Lyon (1595).

Vers 1600 la terre fut acquise par Simon de Meaux, qui la transmit à sa descendance en ligne directe jusqu'en 1720. Cette année-là, en effet, Claude de Meaux mourut et laissa les Chanaux à ses neveu et petit-neveu, Joseph et André Copin, de Grenoble.

Au commencement du XIXe siècle (1807), un M. Alphonse Pény, légua sa propriété des Chanaux et son nom de Pény, à M. Alphonse Puy, négociant à Mâcon. La fille de ce dernier, Mlle Puy-Pény, épousa en 1827 un M. Clerc, de Cousance (Jura), dont les descendants possèdent toujours les Chanaux.

Le château a été achevé de 1640 à 1667 par François de Meaux, conseiller du Roi aux présidial et sénéchaussée de Lyon. Du moins connaissons-nous les marchés passés entre ces deux dates extrêmes pour divers travaux neufs faits aux bâtiments.

Saint-Léger

En 1324 déjà il est question d'une dame de Saint-Léger. Un siècle après, en 1417, nous trouvons un Philibert de Saint-Léger, seigneur du lieu, bailli de Mâcon et sénéchal de Lyon. Puis, du milieu du XVe siècle à la fin du XVIe, ce sont les Sagie qui

CHARNAY-LÈS-MACON. — Château de Saint-Léger.

Cl. Bourgeois fr., Chalon.

sont seigneurs de Saint-Léger. Après vient un Jean Siraudin, par suite de son mariage, en 1595, avec Lucrèce de Sagie. Puis Claude de Meaux, seigneur de Marbé, lieutenant de Roi en Mâconnais, par acquisition (1647). Puis Salomon Chesnard, conseiller au bailliage de Mâcon, par héritage (1682), et successivement sa veuve, ses neveu, petit-neveu et arrière-petit-neveu. Celui-ci, Pierre-Élisabeth Chesnard de Layé, vendit en 1785 à Françoise Bellon, veuve de Jacques Ratton, seigneur de Condemine, moyennant 150.000 livres. Mme Aujas, née Lucie Ratton, mourut en 1824, léguant le domaine à sa petite-nièce, Mme Ballard, qui le transmit à sa sœur, Mme Blondet. La belle-fille de Mme Blondet, veuve de M. Blondet, mort en 1886, l'a vendu à M. Brossin de Saint-Didier au commencement du xxe siècle.

Les héritiers de la dame de Saint-Léger, en 1324, excerçaient indûment la justice, qui appartenait au Roi, et qui conséquemment fut réincorporée à la châtellenie de Davayé. Thomas Chandon, s'étant, comme nous l'avons dit plus haut, rendu acquéreur de cette dernière, en 1603, revendit le droit de justice sur Saint-Léger à Jean Siraudin, pour la somme de 240 livres. Ce prix indique que la justice était peu étendue; nous savons d'ailleurs qu'en 1647, quand Claude de Meaux en donna dénombrement, elle ne comprenait que deux justiciables. Les autres droits produisaient alors, savoir : les dîmes, pour les deux tiers étant au seigneur (l'autre tiers appartenait au curé), une botte [1] de vin et une moitié [2] de blé, en valeur, le tout, de 16 livres; les cens et servis, 6 coupes de froment, une feuillette de vin et 20 sous d'argent.

En 1712, les produits étaient : froment, 8 coupes 1/4 [3] ; avoine,

---

1. La botte valait 2 tonneaux et le tonneau contenait 209 litres 166.

2. Mesure pour les grains, peu usitée en Mâconnais, et dont la contenance variait suivant les régions.

3. La coupe, nous l'avons dit, contenait 13 litres 493.

2 coupes 1/4 ; vin, 13 quartes [1], 7 pots 1/3 [2] ; poules, 8 1/3 ; argent, 30 sous 7 deniers. La dîme rendait, de son côté, 13 à 14 coupes de grains et 4 bottes de vin.

La seigneurie qui n'était estimée valoir, en 1560, que 26 livres de rente, s'affermait 6.000 livres en 1785. Dans un partage de famille, en 1800, elle fut estimée 146.147 livres.

Le château de Saint-Léger est assis à l'extrémité orientale d'un promontoire rocheux, d'où il domine de 30 à 40 mètres le lit de la Petite-Grosne. Il se compose de deux corps de bâtiments terminés au levant par des pavillons élevés. Entre les corps de bâtiments règne une cour rectangulaire où l'on accède au couchant par un pont moderne jeté sur les anciens fossés. Le corps de bâtiment exposé au nord est flanqué de deux tours rondes, dont l'une, celle qui est en avant du pavillon, est découronnée et ne sert plus que de belvédère. La galerie qui relie les deux pavillons est toute moderne.

Pendant la guerre de la Ligue, le château de Saint-Léger a été, peu après la soumission de Mâcon au Roi, le théâtre d'un fait d'armes relaté avec détails dans les lignes suivantes : « Du mecredy premier jour de juing 1594... Estant Monsieur le gouverneur, eschevins et capitaine de ceste ville, adverty que, la nuict précédente, aulcuns de la garnison de Toisseit [3], ayant passé au deçà la rivière de Sône, avoient prins par pétard le chasteaul Sainct-Légier lez ceste ville, ont envoyé environ quarante chevaulx et quatre-vingtz arcquebusiers assaillir ledict chasteaul. Auquel ayant esté faict ung grand troux en la muraille par les laboureurs des villages circonvoisins, ceulx de dedans, qui n'estoient que

---

1. La quarte valait deux pintes, disent les dictionnaires. Or la pinte de Mâcon contenait 1 litre 514.

2. Bouteilles.

3. Thoissey.

CHARNAY-LÈS-MACON. — Château de Verueuil.

dix-huict, ont demandé de parlementer, et à cest effect ayant ouvris la porte, en parlementant, ceulx qu'avoient faict ledict troux et entré par icelluy ont surprins par dernier [1] lesdictz de Toisseit, desquelz ont esté tué douze, et leur chef, nommé le cappitaine Groux [2], avec trois aultres amennés prisonniers en ceste ville, et deux renvoyé, parce que l'ung estoit enfant de ceste ville et l'aultre jeune homme prins à miséricorde. Desquelz prisonniers amennés en ceste ville trois seront esté eslargy le lendemain [3].»

VERNEUIL

Fief ancien dont, au moyen âge, les possesseurs portaient le nom. En 1369, Pierre de Verneuil, et, en 1378, Jean de Verneuil, son fils, remplissaient l'office de capitaines châtelains de Mâcon. Le dernier était de garde sur le pont de la ville, le 19 octobre 1423, quand une arche s'effondra « en Saône » ; entraîné par le courant, il se noya.

En 1440, Antoine de Vergisson est seigneur de Verneuil. En 1510, c'est Jean de Mehet, époux d'Isabeau de Vergisson. Puis viennent les Cheminant, par suite, sans doute, du mariage contracté en 1486, entre Odet de Cheminant, seigneur de la Grevelière en Bresse [4], et Catherine de Vergisson.

Les Cheminant gardèrent Verneuil jusqu'au commencement du XVIIᵉ siècle, qu'un bourgeois de Mâcon, Philippe Garnier, en fit l'acquisition. Les sept enfants de Pierre Garnier, conseiller en la sénéchaussée de Lyon et fils de Philippe, en vendirent la nu-

1. Derrière.
2. Le lieutenant au bailliage, Claude Bernard (Manuscrit, p. 285), a fait erreur (Perraud, *op. cit.*, p. 518). Le capitaine Groux a été pris, mais pas tué.
3. Registre secrétarial de 1594, fᵒ 112 vᵒ. (Archives municipales, BB. 62).
4. Commune de Confrançon (Ain).

propriété à Claude Bernard de Châtenay, lieutenant particulier au bailliage de Mâcon, en 1712. Aux Bernard de Châtenay succédèrent, par suite d'alliance, les Barthelot d'Ozenay, qui furent les derniers seigneurs de Verneuil.

Depuis la Révolution les propriétaires successifs du château ont été MM. Mottin, Dumont, Piot, Doudeau, Giraud et Grandjean.

La seigneurie, en 1560, valait 66 livres de rente. Elle était sans justice. Les cens et servis, d'après les dénombrements de 1647 et 1698, rendaient annuellement 3 livres 7 sous 6 deniers, 10 coupes de froment, 12 coupes d'avoine et 27 pots de vin. En 1712, la terre est évaluée à 4.000 livres et son revenu à 200 livres. Elle est vendue 40.600 livres en 1766 et 92.000 francs en 1804..

Le château, qui peut remonter dans son ensemble au xve siècle, et qui a été fortement remanié au xviie, ne manque pas d'intérêt. Le bâtiment principal est flanqué de deux grosses tours rondes. Son rez-de-chaussée est entièrement voûté d'arêtes et la pièce considérée comme une « salle des gardes » mérite d'être visitée.

Cl. P. Charvet, Mâcon.

CHARNAY-LÈS-MÂCON. — Église.

VI

ÉGLISES ET CHAPELLES

ÉGLISE DE CHARNAY

Le XIIe siècle fut un temps d'extraordinaire prospérité pour le
Mâconnais; la plupart des églises du pays furent alors rebâties, et
solidement rebâties, car elles subsistent encore en tout ou en
partie dans la moitié des paroisses de l'ancien diocèse.

Celle de Charnay, église cathédrante [1], sous le vocable de Sainte-
Madeleine, fut reconstruite, comme tant d'autres, à l'époque
romane. Malheureusement, en 1567, au cours des guerres de
religion, les protestants la « démolirent, ôtèrent les cloches et
les portèrent au château de Vernû [2], qui leur servoit de repaire,
puis à Flaccé [3] et à Senecé, où ils mirent tout à feu et à sang [4] ».
Après les troubles, un évêque de Mâcon nouvellement nommé,
Luc Alamanni, entreprit de réparer les désastres que pendant près
de vingt ans le diocèse avait subis. En 1584, « Messieurs de
Saint-Pierre, convaincus du zèle du prélat, pressèrent les répara-

1. Il y avait à Mâcon et dans sa banlieue sept églises dites *cathédrantes*, qui
n'étaient comprises dans aucun archiprêtré, et dont les curés devaient, sous
peine d'amende, assister en vêtements sacerdotaux l'évêque officiant solennel-
lement dans sa cathédrale. C'étaient : Saint-Vincent (Mâcon), Saint-Pierre
(Mâcon), Saint-Étienne (Mâcon), Charnay, Flacé, Saint-Clément et Saint-
Laurent.

2. Verneuil.

3. Flacé.

4. *Histoire des Révolutions de Mâcon sur le fait de la Religion*, p. M. D***,
1760, p. 93.

tions de l'église de Charnay, et surtout y firent mettre un nouvel autel, la pierre du premier ayant été fendue à coup de massue par les protestants [1] ».

Quelles sont les parties romanes de l'édifice qui purent être conservées et utilisées dans la restauration de la fin du xvie siècle ? Vraisemblablement [2] : 1° la nef, voûtée en berceau brisé, mais dans laquelle des fenêtres nouvelles ont été ouvertes ; 2° la base du clocher, jusqu'au passage du plan carré au plan octogonal ; 3° l'abside, y compris sa couverture.

Les remaniements postérieurs dont on trouve trace dans les archives sont les suivantes :

En 1770 [3], remaillage d'une fente qui s'étendait dans toute la longueur de la voûte de la nef, et construction de massifs de butée ou contreforts extérieurs [4].

En 1837, couronnement en dôme du clocher, jusqu'alors « couvert en laves posées sans intermédiaire sur la voûte qui le surmonte », ce qui, au dire de l'architecte, M. Arcelin, constituait une toiture « de forme écrasée et d'une couleur désagréable » présentant un parfait « aspect de délabrement [5] ». En même temps, érection d'une chapelle entre le contrefort du clocher et le premier des contreforts de la nef au midi, face à une autre chapelle existant déjà au nord [6].

---

1. *Histoire des Révolutions de Mâcon*, p. 156.

2. Nous nous appuyons, pour trancher cette question délicate, sur l'autorité de notre confrère et ami, M. Jean Virey, qui a bien voulu procéder avec nous à une visite de l'édifice à l'occasion de la rédaction de la présente monographie.

3. Ces quatre dates : 1770, 1837, 1852, 1864, sont celles des devis, ou des approbations, ou des adjudications, mais les travaux peuvent être postérieurs d'un an ou deux.

4. Archives départementales, C. 301, n° 25.

5. Montant du devis : 1.366 fr. 53 (Archives départementales, O. Charnay).

6. Montant du devis : 1.915 fr. 87 (Id., *ibid.*).

En 1852, agrandissement de l'église « au moyen de la réunion du porche à la nef », par les soins de M. Berthier, architecte départemental [1].

En 1864, construction d'une « quatrième chapelle » par le même M. Berthier, en face de la chapelle des fonts baptismaux [2].

Cette chapelle des fonts paraît beaucoup plus ancienne que les autres. Elle peut remonter au commencement du XVIIe siècle, et doit être identifiée avec celle où les seigneurs de Verneuil assistaient aux offices et se faisaient inhumer, que Jean de Mehet et Isabeau de Vergisson, sa femme, dotèrent en 1510 de 10 livres et 50 sous de rente pour fondation de messes et vêpres [3], et que, en 1626, Philippe Garnier, acquéreur de Verneuil, fut autorisé à « forgetter hors de la nefz de l'esglize, au mesme endroict où elle est, et la tirer despuis le gros de l'augive du costé de soir, à tirer contre le pillier du clochier, de semblable largeur d'ung costé que d'aultre [4] ».

1. Montant du devis : 5.281 fr. 65. Devis supplémentaire, 1.134 fr. 49 (Archives départementales, O. Charnay).

2. Montant du devis : 4.282 fr. 97, non compris les peintures, l'autel, la grille, etc., pour lesquels on prévoyait une dépense d'environ 2.000 fr. (Id., *ibid.*).

3. Cartulaire de Verneuil, f° 80 v° (Archives départementales, E. Supplément. Famille Barthelot d'Ozenay).

4. Id., f° 98 v°. (Id.). — « Sera la closture à niveau de ladicte augive jusques contre ledict pillier dudict clochier, sans qu'il [Garnier] puisse tirer ladicte closture en dedans ladicte nefz plus d'ung costé que d'aultre... Pour quoy faire ilz [les prévôt et chanoines de Saint-Pierre de Mâcon et les habitants de Charnay] luy permectent de faire ouverture du meur d'icelle nefz à l'endroict de ladicte chappelle... Et fera faire à l'endroict où il fera faire ouverture de ladicte muraille une arcadde d'apparcil de bonne pierre du gros dudict mur. Et seront les murailles de ladicte chappelle faictes à mortier de chaulx et sable de deux piedz d'épesseur... Pour jouir par icelluy sieur Garnier et ses successeurs de ladicte chappelle et du sépulcre qu'est joignant le lieu où sera posée la closture d'icelle... » (F° 99). Ainsi, les seigneurs de Verneuil gardaient leur caveau funéraire dans la nef de l'église, à l'emplacement de leur ancienne chapelle et au devant de leur chapelle nouvelle.

La pierre tumulaire de Guidot Revillon, — *Guidot* était autrefois un prénom assez répandu dans nos pays, — qui fait partie du dallage de la chapelle de Verneuil, aujourd'hui chapelle des fonts, peut y avoir été apportée depuis 1626. On y lit l'inscription suivante, au-dessous de laquelle le tailleur de pierre a figuré un chapelet :

REQVIESCAT

IN PACE

GVYDO RIVILLON

M. D. C. XXVI

Quant à la chapelle qui existait déjà au nord en 1837, et qui est antérieure à 1825, puisqu'elle est figurée sur le plan cadastral, on peut supposer qu'elle correspond, au moins comme emplacement, à celle qu'un curé, Étienne Fouchier, avait fait bâtir en l'honneur de son patron, saint Étienne, et qui n'était pas terminée en 1653, puisque par son testament en date du 10 août de cette année-là, il prescrivit à son héritier d'y « faire poser ung autel et ung tableau sur icelluy où sera représenté l'image dudict sainct Estienne [1] ».

Nous avons dit quel fut le sort des cloches de l'église antérieures à 1567. Les deux cloches qui existaient à la fin du XVIIIe siècle furent remplacées en 1782 moyennant les prix respectifs de 650 et de 300 livres [2], mais la seconde dut déjà être refondue en 1787 et coûta, en raison d'une augmentation de poids de 280 livres, qui d'ailleurs la faisait devenir la première, la somme de 874 livres 10 sous [3]. Le 25 fructidor an VI (11 septembre 1798), l'administration municipale fit descendre la cloche, — il n'y en avait donc

---

1. Minute de Me Bouchard, notaire à Mâcon (Archives départementales, E).
2. Archives départementales, C. 301, n° 40.
3. Id., C. 301, n° 49.

plus qu'une, — mais ni à Charnay ni à Salornay (Hurigny) on ne trouva de manœuvre qui voulût consentir à la briser en vue d'en envoyer les morceaux à la fonderie du Creusot, comme cela avait été décidé [1]. En 1816, la cloche, qui avait éprouvé un « accident », fut refaite à raison de 68 francs les cent kilos de métal ancien, et 4 francs le kilo de métal neuf [2]. Un marché fut signé en 1866 pour la refonte de l'ancienne cloche et la fonte d'une cloche neuve [3]. Les deux cloches actuelles portent l'une et l'autre la date de 1872.

Un inventaire des « ornementz et aultres choses » servant à l'église, fait le 4 juin 1662 par Me Chappuis, notaire royal à Mâcon, ne relate pas grand'chose à signaler, sauf peut-être « le parement de l'autel, de cuir doré », « une bannière de sattin à fleur double, garny de dentelles d'argent de Boulongne », « une grande chaise neufve à coffre fermant à deux clefz », etc. [4].

C'est le prieur de Saint-Pierre de Mâcon qui avait le droit de présentation à l'évêque pour la cure de Charnay.

Les principaux curés de l'ancien régime mentionnés par l'abbé Rameau, dans son manuscrit intitulé : *Diocèse de Mâcon* [5], sont : Guillaume Bataillard, 1455 ; Antoine Depise, 1496 ; François Chenat, 1508 ; François Delyon, 1535 ; Étienne Fouchier, 1629 ; Étienne Biollay, 1664 ; Étienne Chamonard, 1717 ; Joseph-Ignace Buat, 1735 ; Antoine-Philibert Marillier d'Arcy, 1756 ; Claude-Antoine Robert, 1782, réfractaire en 1791 ; Étienne Maigre, élu et assermenté en 1791, renonça à ses fonctions en 1793, et mou-

1. Archives départementales, L. Délibérations de la municipalité cantonale.
2. Id., O. Charnay.
3. Id., *ibid*.
4. Id., E.
5. Tome I. — Nous avons fait à sa liste quelques additions et corrections d'après les registres paroissiaux d'état civil qui remontent à 1616 (Archives communales de Charnay, GG).

rut sécularisé, tandis que Claude-Antoine Robert devint curé de Senozan en 1803.

D'après le pouillé [1] des bénéfices du diocèse. de Mâcon en 1513 l'église de Charnay rapportait alors à son desservant 55 livres par an [2].

En 1730 le revenu de la cure s'élevait à 356 livres provenant : 1° de la portion congrue payée par le chapitre de Saint-Pierre de Mâcon sur le produit des dîmes de la paroisse [3] ; 2° des fruits d'une vigne appartenant à la cure ; 3° d'une contribution des habitants, réglée à une ou deux coupes de blé méteil, c'est-à-dire moitié seigle et moitié froment, par chaque cultivateur selon l'importance de son exploitation, et à une quarte de vin, soit huit pots, par chaque vigneron [4] ; 4° d'un petit casuel montant à 20 livres, assuré en partie par les enterrements, qui se payaient 10 sous ou 5 sous suivant que le défunt avait fait ou non sa première communion ; 5° de la rétribution de différents services religieux fondés par la communauté des habitants ou par des particuliers [5].

En 1790 le revenu déclaré montait à 2.295 livres 15 sous [6].

ÉGLISE DE SAINT-LÉGER

On peut supposer que cette église a succédé dans le cours du moyen âge à une chapelle mentionnée par plusieurs chartes du

1. Registre.

2. *Cartulaire de Saint-Vincent de Mâcon*, p. CCLXXIII.

3. Voir plus haut, chap. IV : *Seigneuries ecclésiastiques*.

4. Les coupes de blé pouvaient monter à la quantité de 44, ce qui faisait deux ânées valant ensemble 28 livres, et les quartes de vin pouvaient produire trois feuillettes ou demi-tonneaux, valant ensemble 12 livres sans les fûts.

5. Archives départementales, G. 350, n° 34. — Puthod (*op. cit.*, p. 52) dit qu'en 1380 la rétribution annuelle due au curé par chaque chef de famille était d'un blanc ou cinq deniers, et qu'on payait alors pour tout baptême, mariage ou enterrement, deux sous parisis et une poule.

6. Abbé Rameau, *loc. cit.*

xᵉ siècle [1]. La paroisse a toujours été peu étendue [2], et, par suite, l'église peu importante comme monument. Elle ne mesurait que 45 pieds de long et 15 de large, soit 15 mètres sur 5, lorsqu'elle fut vendue en 1796, avec le presbytère, son jardin d'une coupée, et une vigne de 5 coupées 2/3, pour le prix très modique de 2.500 livres [3]. Située sous les murs du château, au nord, elle disparut au milieu du XIXᵉ siècle. Longtemps encore après sa démolition, des femmes du pays et des environs venaient gratter la pierre qui en avait été le seuil, pour mêler la poussière ainsi obtenue aux aliments des enfants atteints du carreau [4].

Les principaux curés connus [5] sont : Barthélemy des Merciers, 1581 ; André Savoye, 1604 ; Étienne Fouchier, 1627 ; Claude Racine, 1634 ; Nicolas Alloing, 1641 ; Antoine Giraud, 1642 ; Noël Myon, 1644 ; Claude Burband, 1652 ; Simon Romand, 1652 ; Claude Goujon, 1684 ; Antoine Duc, 1702 ; Claude Rippart, 1715 ; Antoine Myard, 1730 ; Claude Mioland, 1732 ; Jean-François Debrye, 1733 ; François Raverot, 1756 ; Jean Barraud, 1759 ; Jean-Baptiste Coignet, 1789, réfractaire en 1791 ; Pierre Desblans, élu et assermenté en 1791, cessa ses fonctions en 1793, et devint curé de Serrières en 1803.

La portion congrue des curés était aussi mince que leur paroisse était petite et leur église minuscule. Malgré cela, Étienne Fouchier eut toutes les peines du monde à obtenir du bailliage, en 1627, une sentence qui condamna le seigneur, Jean Siraudin, à lui payer 60 livres 10 sous pour deux années et demie d'arrérages, et les habitants, de leur côté, à lui payer 77 livres pour

---

1. Voir plus haut, chap. III : *Origines du bourg et de quelques hameaux ou écarts.*
2. Voir plus loin, chap. VII : *La population.*
3. Voir plus haut, chap. IV : *Seigneuries ecclésiastiques.*
4. Nom générique des affections intestinales.
5. Les registres paroissiaux d'état civil de Saint-Léger remontent à 1652.

trois années et demie aussi d'arrérages [1]. Comment pouvait-il vivre avec un aussi faible revenu, — et qu'on lui disputait [2]?

Les charges étaient en rapport avec les produits. L'église, sous le vocable de Saint-Léger naturellement, n'était pas « cathédrante », comme celle de Charnay ; elle faisait partie de l'archiprêtré de Vauxrenard, et le droit de présentation à la cure appartenait au prieur de Saint-Pierre de Mâcon. Les curés payaient annuellement à l'évêque [3] 21 sous 9 deniers de droit synodal et cathédratique [4] et 12 sous 6 deniers de droit de procuration et visite [5].

CHAPELLES

Nous avons dit que le chapitre de la cathédrale Saint-Vincent de Mâcon avait à Charnay, à la fin du xe siècle, une chapelle sous le vocable de Saint-Pierre [6]. Rien ne permet de supposer, comme le fait l'abbé Rameau [7], que cette chapelle soit devenue ensuite l'église placée sous le vocable de Sainte-Madeleine, tandis qu'il est permis de croire que la chapelle de Saint-Léger, du commencement du xe siècle [8], a été plus tard, et en conservant son vocable, élevée au rang d'église.

1. Archives départementales, B. 1057. Sentence du 7 septembre 1627.
2. Cela expliquerait, sans le justifier, le cas du curé de Saint-Léger, dont le « citoyen Puthod » (*op. cit.*, p. 144) raconte que « sous Louis XV, trouvant qu'un prêtre vivait mal de l'autel, [il] s'avisa pour vivre mieux, de faire de la fausse monnaie ; mais la justice de Lyon s'en choqua, le prit et lui fit son procès ».
3. Archives départementales, G. 72, f° 200.
4. Droit dû à l'évêque par les curés à l'occasion de la tenue du synode diocésain.
5. Droit dû à l'évêque par les curés à l'occasion de la visite pastorale.
6. Voir chap. III : *Origines du bourg et de quelques hameaux ou écarts.*
7. Manuscrit cité.
8. Voir chap. III.

Nous avons dit aussi [1] qu'il y avait eu probablement à Levigny [2], au commencement du xie siècle, une chapelle du Saint-Sauveur.

En dehors de ces trois chapelles, très anciennes, nous n'en avons qu'une autre à mentionner. C'est celle qu'en 1695, un marchand de Mâcon, Jean-Baptiste Poncet, et Louise-Jeanne Trambly, sa femme, fondèrent en l'honneur de saint Jean-Baptiste, leur patron, « dans l'enclos des bastiments de leur domaine principal de Levigny, proche la grange du dixme, du costé de bize d'icelle ». Cette chapelle était voûtée, et mesurait dans œuvre 14 pieds de long sur 12 de large [3].

1. Voir chap. III.
2. Nous avons fait des réserves à cause d'une confusion possible entre Levigny et Lugny.
3. Archives départementales, G. 425, nᵒ 28.

VII

LA POPULATION

Les plus anciens documents que nous ayons sur la population de Charnay et de Saint-Léger datent du milieu du xvᵉ siècle. Ce sont des terriers, qui contiennent la déclaration faite par les propriétaires de biens situés dans ces deux paroisses, et chargés de droits seigneuriaux envers le doyen de Chevignes[1]. Les reconnaissances transcrites dans le premier de ces terriers émanent d'habitants de Charnay et de Saint-Léger et datent de 1451 à 1463[2]; celles du second, provenues de Saint-Léger seulement, s'échelonnent entre 1451 et 1456[3].

Voici, d'après le premier terrier, les noms de ces propriétaires :

1° à *Charnay* (1455-1463) :

Jean David *alias* Tournon, de Charnay ;

Les frères Vincent Alablanche, et Benoîte, sa femme, Jeannet Alablanche, et Simonette, sa femme ;

Antoine Placzard (Plassard), du Voisiné de Chevagny (*Vicinatus de Chavagnie*), paroisse de Charnay ;

Jean Rosset (Rousset) *alias* Lambert, de la paroisse de Charnay ;

1. Le doyenné de Chevignes dépendait de l'abbaye de Cluny.
2. Archives départementales, H. 13, nᵒ 3.
3. Id., *ibid.*, nᵒ 2.

Antoine et Jean Barbet frères, de Gondemine ;

Guillemette, fille de feu Guillaume Bernard et veuve de Jean Freret, du Voisiné de Chevagny (*Vicinatus de Chavaigniaco*) ;

Guillaume Rojat, charpentier, habitant de Mâcon, époux de Benoîte, fille de feu Benoît Berthelier et de Catherine ;

Étiennette, femme de Jean Guilliet, de Levigny ;

Guillaume Leymonon, du Voisiné de Chevagny ;

Jeannet Segaud, du Voisiné de Chevagny ;

Jean Berthelier, fils de feu Antoine Berthelier, de Laly ;

Jean, fils de Jean Berthelier, du Voisiné de Laly (*Vicinatus de Laly*) ;

Guillemet Berthelier, fils de Barthélemy Berthelier, du Voisiné de Chevagny (*Vicinatus de Chivagnie*) ;

Benoît Bourgoignon (Bourguignon), de Levigny ;

Pierre Pornay, de Charnay ;

Pierre Giroud, de Charnay ;

Guyonnet Benoît, de Verneuil ;

Benoît et Girard Leymonon, de la paroisse de Charnay ;

Claude Goyon, et Perrenette, sa femme, de Verneuil ;

Jeannet Giroud, de Charnay ;

Michel Brunet, de Saint-Clément-lès-Mâcon ;

Colas Bergeron, de Loché ;

Guillaume Gandelain, de Verneuil ;

Jean Greyffet *alias* Bélier, de la paroisse de Charnay ;

Guillaume Contaud, de Laly ;

Martin Crosier, de Loché, et Philippe, sa sœur, épouse de Laurent Garin.

2° *à Saint-Léger* (1451-1454) :

Antoine Charnay *alias* Popat, de Saint-Léger ;

Guillaume Giroud, de Saint-Léger, et Antoine Giroud, son frère ;

Philippe Giroud, de la paroisse de Saint-Léger ;
Isabeau, veuve de Huguenin Berthelier, de Saint-Léger ;
Renaud Munier, de Saint-Léger ;
Guillaume de Carrouge *alias* Badeis, de Saint-Léger ;
Jean Reuvillon, de Montagny, paroisse de Prissé ;
Jeannette, femme de Guillaume Munier, de Saint-Léger.

Le second terrier donne comme propriétaires :

à Saint-Léger (1451-1456) :

Benoîte, fille de Renaud Munier et femme de Pierre Guichardet, de Saint-Léger ;
Antoine Charnay *alias* Popet, de Saint-Léger ;
Guillaume Giroud, de Saint-Léger ;
Philippe Giroud, de Saint-Léger ;
Jeannette, veuve de Perrenet Charnay *alias* Popet, de Saint-Léger :
Isabeau, veuve de Huguenin Berthelier, de Saint-Léger ;
Jeannette, femme de Guillaume Munier, de Saint-Léger ;
Renaud Munier, de Saint-Léger ;
Guillaume Munier, de Saint-Léger ;
Jeannet Reivillon, de Montagny, paroisse de Prissé.

Au mois de décembre 1478, c'est-à-dire deux ans après la réunion de la Bourgogne à la France, Guillaume Jomart, maître des comptes du Roi à Dijon, et Jean de Lyon, notaire royal et clerc de l'élection de Mâcon et Chalon sur le fait des aides, commis à cet effet par Jean de Damas, seigneur de Digoine, de Clessy et de Saint-Amour, bailli du Mâconnais, procédèrent à « la cerche et quisicion [1] des noms et seurnoms de tous les

---

1. Recherche et information.

habitans du bailliage ». Le procès-verbal de leurs opérations constitue le plus ancien dénombrement de la population du Mâconnais qui nous soit parvenu [1].

La première paroisse recensée fut :

Saint-Léger [2] :

« Et premièrement, le jeudi xvii de décembre, nous avons fait venir pardevant Nous, à Mascon, en l'ostellerie de l'Ange, Phelippe Giroud, et Phelippe Charnay, du lieu de Saint-Ligier, lesquelx ont juré et affermé par leurs seremens que en ladicte parroisse de Saint-Ligier ne sont que ceulx cy après nommez, c'est assavoir :

    [3] · · Icellui Phelippe Giroud ;

    · · Philippe (*sic*) Charnay ;

    · · · La vesve de feu Regnault Monnier ;

    · · Pierre de Berry, fillastre de feu Guillaume du Quarrige ;

    · · Jehan Sale ;

    · Anthoine Bertelier ;

    · · Claude Giroud, filz de feu Guillaumé Giroud ;

    Pierre Plumiet [4], bourdelier [5]. »

Le dimanche 20 décembre, ce fut le tour de :

---

1. Archives départementales de la Côte-d'Or, B. 11592.

2. F⁰ 3.

3. « Sur les noms et seurnoms de ceulx que avons trouvez estre des plus grans facultez avons mis quatre pointz, sur les aultres de moindre faculté trois pointz, sur les autres (*sic*) deux pointz, et sur les plus pouvres ung point. » Les commissaires ont omis de dire que certains « noms et seurnoms » n'étaient pas même précédés d'un point, ce qui prouve qu'il y avait quelques chefs de ménage plus pauvres encore que « les plus pouvres ». (F⁰ 2.)

4. Peut-être faut-il lire *Plumet*.

5. Métayer.

Charnay [1] :

« Le dimenche dessusdict, se sont comparus pardevant Nous, en ladicte hostellerie, Jehan Garin [*alias*] Barbeau, Jehan Rousset *alias* Fourby, et Anthoine Bechet, habitant (*sic*) de la paroisse (*sic*) de Charnay, qui ont juré sur sains euvangiles que de tous les habitans de ladicte paroisse les nons (*sic*) sont cy après escriptz :

·· Pierre Quinczon ;
·· Benoît Porchier ;
    Bartholomier Quinczon ;
    Jehan Garnier ; — *mendicat* [2] ;
· Benoît Rosier ;
·· Anthoine Duboys ;
··· Thevenin Poncet ;
    Estienne Garnier, bourdellier ;
··· Girard Dany ;
·· Jehan Guillet ;
··· Guillemin Bouchart ;
·· Jehan Poupon ;
    Pierre Guillet *alias* Tinet ;
    André du Bye ;
·· Pierre Darlet ;
    Pierre de Laly ;
    Jehan Raymbo ;
·· Jehan des Brousses ;
· Vincent A la Blanche ;
·· Guillaume David *alias* Tournon ;
    Benoît Bourgoignon, bourdellier ;

1. Fos 25 vo et 26.
2. Mendiant.

   Pierre Quinczon ;
   Benoît Pornay ;
   Jehannet Giroud ;
   Pierre Giroud' ;
   Hugenin Giroud ;
   Anthoine Bechet, archier ;
   Jehan Barbet ;
   Jehan Rousset ;
   Jehannot Segault ;
   Guillaume Leymonon ;
   Thevenet Pale, bordelier ;
   Guiot Calier ;
   Pierre Berthelier ;
   Perrenet Plassard ;
   Girard Bourgoignon ;
   Jehan Garin ;
   Thevenet de Bezançon *alias* Lanchanteur ;
   Guillaume Berthelier ;
   Girart Berthelier ;
   Guillaume Contault ;
   Jehan Berthelier. »

Donc, à Saint-Léger, 8 chefs de ménage, dont 0 riche, 1 aisé, 5 médiocres, 1 pauvre, 1 misérable. Et à Charnay, 42 chefs de ménage, dont 0 riche, 8 aisés, 13 médiocres, 11 pauvres, 10 misérables.

Les 8 feux dénombrés à Saint-Léger en 1471, étaient, deux cents ans après, en 1668, réduits à 6, comprenant environ 50 habitants, dont 30 communiants [1]. Les seuls habitants de la paroisse, en 1702, étaient « les grangers et vignerons » du

1. Déclaration du curé lors de la visite épiscopale de 1668 (Archives départementales, G. Supplément).

seigneur [1]. En 1786 et en 1800, il n'y avait plus à Saint-Léger que 4 feux et 48 habitants [2].

Quant à la paroisse de Charnay, elle comptait 900 communiants en 1728 [3], et 2.691 habitants en 1786 [4].

Le dernier recensement de la population (1911) attribue à la commune 1.941 habitants, dont 21 pour la section de Saint-Léger [5].

1. Archives départementales, G. 402, n° 85.

2. *Dénombrement du duché de Bourgogne*, rédigé en 1786, imprimé en 1790. — Puthod, *Géographie de nos villages ou Dictionnaire Mâconnais*, art. *Saint-Léger*.

3. Archives départementales, G. 350, n° 34.

4. *Loc. cit.*

5. Archives départementales, M.

VIII

LA PROPRIÉTÉ ET LA TAILLE[1] EN 1685

Il y a, dans nos archives[2], un document du plus haut intérêt, qui nous fait connaître l'état de la propriété et ses charges à la fin du XVIIe siècle. C'est le procès-verbal d'une visite prescrite, en 1685, par les États du Mâconnais[3] dans les villes, villages et hameaux, en vue d'apporter les modifications nécessaires à l'assiette des impôts. On y trouve indiqués pour chaque communauté d'habitants : le montant du rôle de la taille ; le nombre des feux cotisables ; les privilégiés exempts de taille ; la quotité et le rendement des dîmes, et leurs bénéficiaires ; l'importance et la valeur des domaines roturiers, et leurs propriétaires ; les cotes de taille payées par les fermiers, métayers ou vignerons ; la qualité du sol et de ses produits ; le prix des terres ; la nature des biens communaux ; etc.

Nous donnons ci-dessous les pages consacrées à Charnay dans ce document, mais nous n'avons pas trouvé de procès-verbal pour Saint-Léger, bien que les États aient ordonné que la visite s'étendît même aux hameaux.

« Messire Jean Julien, doyen de l'églize de Tournus, esleu du clergé du Masconnois, Messire Henry de Macet, escuyer, seigneur de Davayé et de Rossan, mareschal de bataille ès camps et armées

1. Impôt royal annuel.
2. Archives départementales, C. 562.
3. Assemblée administrative particulière du comté de Mâcon.

du Roy, esleu de la noblesse du Masconnois, Maistre Philibert Degivry, avocat en Parlement, lieutenant en la justice maje de Cluny, esleu du tier estat, Maistre Anthoine Comte, conseillier du Roy, esleu dans l'élection de Mascon [1], sçavoir faisons que ce jourd'huy cinquiesme du mois d'aoust de l'année mil six cent quatre-vingt-cinq, ensuitte de la délibération de Messieurs des Estats du mois de juillet dernier, nous nous sommes acheminés au village de Charnay, pour en faire la visitte, où estant, en la maison curialle, s'est présenté André Magnien, collecteur de la taille de la présente année, ensuitte du son de la cloche qui a esté sonné à ce suject, lequel nous en a remis le rolle, qui se trouve monter à la somme de 1.759 livres, suivant les commissions. [Tant] pour le droict de levée qu'autres choses imposées se montent en tout à 1.884 livres imposés sur trois amaux [2] qui composent 208 feux.

« Exemps [3] :

« Messieurs de Saint-Pierre [4].

« Monsieur le Curé.

« Monsieur Labbatye [5].

« Les dixmes appartiennent à Messieurs de Saint-Pierre. Ils s'admodient ordinairement 120 asnées [6]. Le dixme de vin, 60 à 70

----

1. L'*élection*, constituée par les *élus*, était, sous l'ancien régime, la juridiction administrative qui connaissait des contestations ou contraventions en matière d'impôts.

2. Hameaux.

3. Les ecclésiastiques et les nobles étaient exempts de taille.

4. Le chapitre de l'église collégiale Saint-Pierre de Mâcon. Voir chap. IV : *Seigneuries ecclésiastiques.*

5. Le seigneur de la Bâtie.

6. L'ânée était de 18 coupes, et la coupe contenait 13 litres 493.

bottes [1] de vin. Ils se lèvent, le bled du 11 la 12, et le vin de 14 la 15 [2].

« Domaines appartenant aux bourgois :

« Messieurs de Saint-Pierre, quatre charrues en deux domaines. Peuvent faire en chaque domaine 80 asnées de bled. Les granges s'admodient 800 livres chacune, dont l'un [des grangers] paye 74 et l'autre 15 livres, et ont des domaines considérables qui leurs appartiennent.

« Le sieur Bourdon, deux charrues, deux vignerons qui peuvent faire 40 bottes de vin. L'un des grangers paye taille à Solutré ; l'autre paye au lieu 19 livres, et a du bien au lieu. Les vignerons paye au lieu et font 10 à 12 bottes de vin et paye 30 à 40 sols.

« Le sieur Poncet, le médecin, une charrue et un vigneron. Ils payent au lieu. Il a sa part par commune année : le granger, 10 asnées de bled, et 15 bottes de vin, et 30 à 40 sols. Le sieur Poncet paye au lieu 40 livres.

« Henry Olivier, une charrue. Le granger paye à Varesne [3]. Il faict par communes années 10 asnées de bled et peut [faire] 4 à 5 bottes de vin.

« La vesve du sieur Dubois, un laboureur qui faict des vignes et peut faire 10 bottes de vin et 5 asnées de bled, et peut payer 20 à 30 sols.

« Les héritiers de Jean Segau, une charrue et des vignes, dont le cultivateur paye. Il peut faire à sa part 10 asnées bled et 12 bottes de vin, et paye au lieu 35 sols.

---

1. La botte valait deux tonneaux, et le tonneau contenait 209 litres 166.
2. Pour la quotité des dîmes, voir chap. IV : *Seigneuries ecclésiastiques*.
3. Varennes-lès-Mâcon.

« Claude Solvy : le laboureur paye à Fuissé ; il peut faire à sa part 8 asnées de bled et 8 bottes de vin.

« Philibert Genestier : un laboureur, qui faict environ 8 asnées de bled et 10 bottes de vin, paye taille au lieu : 15 à 20 sols.

« Les Pères Jacobins [1] : un laboureur, qui peut faire 6 asnées bled et 4 bottes, et paye 13 livres tant pour ledict domaine que pour son bien propre.

« Monsieur de Senecé [2] : un laboureur, qui a beaucoup de bien de son propre ; 18 asnées à sa part et 4 bottes de vin, et paye taille au lieu, 36 livres 5 sols. Le sieur de Senecé faict 40 bottes de vin tant avec ledict granger qu'avec trois vignerons.

« Monsieur le président Mathoux : un laboureur, qui peut faire 15 asnées bled et 10 bottes de vin, paye à Chevagny ; paye 25 livres 4 sols, et son bien y est.

« Madame Debrie : un vigneron, 3 poinsons [3] de vin ; paye au lieu.

« Le sieur Deroche : 3 asnées et 5 poinsons de vin ; paye au lieu.

« Les héritières la vesve Maugé : un vigneron, qui peut faire 4 bottes de vin et 30 coupes [4] de bled ; paye à Solutré.

« Les héritiers Madame de la Saugeré[e] [5] : un laboureur et un vigneron ; peuvent faire 4 à 5 asnées bled et 4 bottes de vin ; payent au lieu 1 escus.

« Le sieur Collet : un laboureur, qui ne paye rien.

« Le sieur Delaporte : un vigneron qui paye au lieu 20 sols et faict 6 bottes de vin.

---

1. De Mâcon. Leur couvent est occupé aujourd'hui par les dames religieuses des Saints-Anges.

2. Antoine Bauderon, seigneur de Sennecé-lès-Mâcon.

3. Synonyme de *tonneau* et de *pièce*.

4. La coupe contenait 13 litres 493.

5. Anne de Tenay de Saint-Christophe, veuve de Gaspard de Chevriers, seigneur de la Saugerée (Étrigny).

« La vesve Simon Marin : un vigneron qui faict à sa part 4 à 5 bottes de vin ; paye au lieu 15 sols.

« Madame Noly : un vigneron, qui faict 15 bottes de vin ; paye au lieu 50 sols.

« Simon Delorme : un vigneron ; faict 5 bottes ; paye 10 sols.

« Madame Desbois : un laboureur et un vigneron. Le laboureur faict 8 asnées bled et 2 bottes ; paye, tant pour ladicte culture que pour son bien propre. Le vigneron faict 6 à 7 bottes de vin ; paye 50 sols.

« Jacques Porcet : un vigneron ; faict 6 bottes de vin et paye 10 sols.

« Dom Larme [1] : un laboureur ; 3 asnées bled et 4 bottes de vin, et paye 14 sols.

« Monsieur de Rymon : un laboureur ; 25 asnées à sa part et 12 bottes de vin ; a du bien de son propre ; paye 40 livres. Et trois vignerons ; peuvent faire 16 bottes ; dont deux sont habitans, qui ont des fonds considérables, et paye 50 livres, l'autre 3 livres, et l'autre 16 sols.

« Monsieur Chesnard Salomon [2] : un vigneron qui faict 12 bottes de vin ; paye 42 sols.

« Louis Robert : trois vignerons ; 10 bottes de vin ; paye chacun 8 sols.

« Messieurs de Saint-Mauris [3] : un vigneron ; 10 bottes de vin ; ne paye rien.

« Le sieur Garnier [4] : un laboureur, qui faict 36 asnées de bled et 7 à 8 bottes de vin, et paye, tant pour son bien, qui est considérable, que pour ledict domaine, 40 livres.

1. Religieux bénédictin.
2. Salomon Chesnard, lieutenant général au bailliage.
3. De Chevriers, seigneurs de Saint-Maurice-de-Satonnay.
4. Seigneur de Verneuil.

« Le sieur Garnier : un vigneron ; 8 bottes ; paye au lieu 15 sols.

« Le sieur Guichard : un laboureur, qui faict 10 asnées et 7 bottes de vin, paye au lieu, et a du bien en son particulier, paye 26 livres ; deux vignerons font 12 bottes, ne payent rien.

« Le sieur Noly : un vigneron ; 4 bottes de vin ; paye 15 sols.

« Monsieur de Chastenay [1] : un laboureur ; paye taille à Chintré [2] ; 15 à 16 asnées bled et 3 bottes de vin.

« Monsieur Chesnard Salornay [3] : un vigneron ; 8 bottes de vin ; paye au lieu 15 sols.

« Le sieur Desguaray [4] : un vigneron ; faict 15 bottes à sa part ; paye 40 sols.

« Le sieur Forest : un vigneron ; faict 8 bottes à sa part ; paye 5 sols.

« Monsieur Dauphin : un vigneron ; 4 bottes de vin ; ne paye rien.

« Monsieur Duperron : deux vignerons ; font 12 bottes de vin ; dont l'un paye 5 sols et l'autre 20 sols.

« Le sieur Obert : un vigneron ; faict 6 bottes à sa part ; paye 15 sols.

« Le sieur Goujon : un vigneron ; faict 6 bottes à sa part ; ne paye rien.

« Monsieur Buffet, chanoine : un vigneron ; 12 bottes ; paye 10 livres et a du bien en son propre.

« Monsieur de Maux [5] : deux laboureurs ; font, l'un 20 asnées, l'autre 10, et font 15 bottes de vin chascun ; dont l'un paye taille

---

1. Bernard, seigneur de Châtenay (Sancé).
2. Chaintré.
3. Pierre Chesnard, seigneur de Salornay (Hurigny).
4. Des Garets.
5. De Meaux.

au lieu, 40 livres tant pour son propre que pour ledict domaine ; l'autre paye à Pouilly.

« Les sieurs Pères de l'Oratoire [1] : un vigneron ; 8 bottes de vin ; paye 25 sols.

« Le sieur Poulet [2], médecin : un vigneron, qui laboure ; faict 8 bottes de vin et 6 asnées bled ; paye 25 sols.

« Aymé Margot : un vigneron, qui faict 6 bottes de vin et 2 asnées bled ; ne paye rien au lieu.

« Le sieur Chapuis : un laboureur, qui faict 13 asnées bled et 7 bottes de vin ; paye taille à Sancés [3]. Et deux vignerons font 12 bottes de vin ; ne payent rien.

« La vesve Poncet : un vigneron ; 10 bottes ; paye 25 sols.

« Le sieur Poncet : un laboureur ; 20 asnées à sa part, 10 bottes ; paye taille au lieu, 27 livres, et a du bien en son particulier. Un vigneron, 6 bottes de vin, et a du bien en son particulier, et paye 9 livres.

« Le sieur Collon : un vigneron ; 6 bottes ; paye 15 sols.

« La vesve Rossignol : un vigneron ; 6 bottes ; paye à Solutré, et au lieu pour juste proffit, 15 sols.

« Le sieur Droilliet : un laboureur ; 7 asnées et 10 bottes de vin à sa part ; paye à Saint-Sorlin.

« Le sieur Morel : un vigneron ; 18 à 20 bottes ; paye au lieu.

« Le sieur Delaporte : un vigneron ; 8 bottes de vin ; paye 10 sols.

« Le sieur conseiller Bernard : un vigneron ; 12 bottes de vin ; paye 3 livres, et a un peu de bien de son propre.

« Le sieur Albert : un laboureur ; 28 asnées ; paye taille à Saint-Sorlin.

1. Directeurs du Séminaire de Mâcon.
2. Pollet.
3. Sancé.

« Madame de la Roche Saint-Martin : un laboureur ; 20 asnées et 12 bottes de vin ; paye à Saint-Clément.

« Le sieur Prévost : un vigneron ; 6 bottes et 4 asnées bled ; paye 40 sols.

« La vesve du sieur de Maux [1] : un vigneron ; 10 bottes ; paye 10 sols, et paye à Saint-Herbin [2] pour leur bien.

« Messieurs de Saint-Pierre : quatre vignerons, qui ne sont imposés, et peuvent faire 40 bottes de vin à leur part, et trois qui payent à cause de leurs biens propres, sçavoir 17, 5 et 4 livres. Neuf laboureurs sur eux.

« Les communes [3] sont teppes et contiennent environ 400 coupées.

« Le revenu de ladicte parroisse conciste en terre et vigne, peu de prez, point de bois.

« Le bled, s'est froment et blondée ; les vins sont bons.

« La parroisse a environ une lieue en quarré.

« Cottes considérables : une, 74 livres ; les autres de 50, 40, 30, 24, 20 livres. Les communes, de 9, 10, 15, 18 [livres]. Les petites, 5, 8, 15, 18, 20, 30 sols.

« La coupée [4] de terre peut valloir 20 livres ; l'ouvrée [5] de vigne, 20 livres ; la coupée de pré, 20 livres.

« E. BIOLLAY. — MAGNIN. »

A la fin du XVIIIe siècle, en 1797, le revenu net du sol était fixé, dans la commune de Charnay, aux chiffres suivants : 3 francs 10 sous par coupée de vigne ; 3 francs par coupée de pré ;

1. De Meaux.
2. Saint-Albain.
3. Communaux.
4. La coupée contenait 3 ares 957.
5. L'ouvrée contenait 4 ares 285.

1 franc 15 sous par coupée de terre ; 6 sous par coupée de bois ; 1 denier par coupée de teppe ou friche [1].

En 1685, la taille, on l'a vu plus haut, produisait 1.759 livres. Le même impôt, augmenté de la capitation [2], donnait, un siècle plus tard, en 1785, à Charnay, 4.725 livres 8 sous, payés par 312 cotisables [3], et, à Saint-Léger, 299 livres 1 sou, payés par 6 cotisables [4].

L'impôt direct de l'an IV (1795-1796) produisait à Charnay, 18.297 livres 13 sous. Il était calculé d'après le revenu, soit 70.735 livres, 3 deniers, du sol de la commune ainsi réparti : 13.461 coupées de terres ; 10.047 coupées de vignes ; 3.800 coupées de prés ; 920 coupées de bois ; 1.170 coupées de teppes, friches et broussailles [5].

1. Archives départementales, L. Délibérations de la municipalité cantonale de Charnay. Séance du 7 fructidor an V (24 août 1797).

2. Impôt établi en 1695 et levé par tête.

3. Archives départementales, C. 838, n° 32.

4. Id., C. 839, n° 33.

5. Archives départementales, L. Délibérations de la municipalité cantonale de Charnay. Séance du 8 brumaire an VI (29 octobre 1797).

IX

La Révolution

La Révolution éclata avec une extrême violence dans le Mâconnais dès la nouvelle de la prise de la Bastille. Des bandes se formèrent dans les villages, qui parcoururent le pays, pillant, brûlant ou démolissant des châteaux et des maisons de campagne. Le 30 juillet 1789 notamment, à 10 heures du matin, MM. Rubat du Mérac et Saunier, capitaine et lieutenant de la milice bourgeoise de Mâcon, furent appelés à se transporter, avec une douzaine de cavaliers et une vingtaine de fusiliers, à Saint-Léger, où la présence des « brigands » leur avait été signalée. Arrivés « sur la place étant au devant du château », ils se trouvèrent en face d'une troupe d'émeutiers, qui se dispersa aussitôt mais qu'ils poursuivirent dans les bois avec l'aide d'une dizaine d'habitants de Charnay. Ils purent ramener dix-huit individus originaires de Bussières, Davayé, Vergisson et Solutré, qui presque tous avaient arboré à leurs chapeaux en guise de cocardes des cartons de loto, et qui étaient munis de bouteilles de « vin bouché », armés de haches, de leviers et de tringles en fer. Seize d'entre eux furent amenés aux prisons de Mâcon. Sans l'intervention de la milice bourgeoise du chef-lieu, le château de Saint-Léger aurait subi le sort de beaucoup d'autres [1].

Au cours des « brigandages » du Mâconnais, 50 prisonniers

---

1. Archives municipales de Mâcon, FF. 67, n° 16.

furent écroués à Mâcon, 150 à Cluny et 174 à Tournus. Dix au moins furent condamnés à la peine capitale les 31 juillet, 3 août et 12 septembre 1789 [1]. Les quatre à qui s'appliqua le premier de ces jugements furent « pendus et étranglés à une potence en la place du Rempart [2], avec écriteau à chacun devant et derrière, avec ces mots : *Voleur et incendiaire public* », et ensuite « conduits aux fourches patibulaires de Chaintré, Charnai et les Perrières, pour y être exposés ». Le deuxième jugement en condamna quatre autres à être aussi « pendus et étranglés » sur la place du Rempart. Enfin, le 12 septembre, deux des plus compromis furent encore condamnés à la potence, avec exposition de leurs corps au gibet, l'un sur la route de Mâcon à Igé, le second sur la route de Mâcon à Senozan [3].

Ainsi avait commencé la Révolution dans le Mâconnais.

Nous ignorons ce qui se passa à Charnay au cours des années suivantes, — 1790 à 1795, — faute de registres des délibérations de la municipalité [4]. C'est pendant cette période que la Nation devint propriétaire des biens des ecclésiastiques et des émigrés, et les vendit [5]. L'émigration ne tenta d'ailleurs aucun des possesseurs de fiefs [6] ou des nobles qui habitaient sur le territoire des anciennes paroisses de Charnay et Saint-Léger, réunies en une seule et même commune par décision des députés de Saône-et-Loire à l'Assemblée nationale du 27 mars 1790 [7]. Les seuls biens nationaux

---

1. Archives municipales de Mâcon, FF. 67, nos 35, 58 et 99.

2. Place d'Armes.

3. A Cluny il y eut sept exécutions, et à Tournus douze. Avec les dix de Mâcon, cela fait, au total, vingt-neuf. Voir sur ces faits une étude de M. H. Gloria dans l'*Annuaire de Saône-et-Loire pour 1878*, p. 39.

4. Ils ne se retrouvent pas aux Archives communales de Charnay d'où ils ont disparu dès avant le milieu du XIXe siècle.

5. Voir chap. IV : *Seigneuries ecclésiastiques*.

6. Voir chap. V : *Seigneuries laïques*.

7. Voir chap. III : *Origines du bourg et de quelques hameaux ou écarts*.

d'origine laïque qui aient été vendus à Charnay provenaient de :
1º François-Charles-Marie Perrier, seigneur de Marigny (Vérizet),
dont l'émigration avait été officiellement constatée le 10 décembre
1792, et qui était un gros propriétaire non seulement à Charnay
et à Vérizet, mais encore à Mâcon, Burgy, Chasselas, la Chapelle-
de-Guinchay, Leynes, Montbellet, Prissé, Saint-Romain-des-Iles,
Saint-Sorlin, Saint-Symphorien d'Ancelles et Viré ; 2º Abel-
Jean-Baptiste Desvignes, seigneur de Davayé, officier au régiment
des chasseurs de Franche-Comté, porté sur la liste des émigrés
les 1er et 30 décembre 1792, et qui était propriétaire à Mâcon,
Davayé, Prissé, Solutré et Azé ; 3º Joachim Denamps, lieutenant
général au bailliage de Mâcon, dont l'émigration avait été constatée le 27 pluviôse an II (15 février 1794) [1].

La constitution du 5 fructidor an III (22 août 1795), qui resta
en vigueur jusqu'au coup d'État du 18 brumaire an VIII
(10 novembre 1799), valut à Charnay de devenir le siège d'une
municipalité de canton [2], — canton qui comprit seize communes,
savoir : Charnay, chef-lieu ; Charbonnières ; Flacé ; Fuissé ; Hurigny ; Laizé ; la Salle ; Loché ; Sancé ; Sennecé ; Saint-Clément ;
Saint-Jean-le-Priche ; Saint-Martin-de-Senozan ; Saint-Pierre-de-
Senozan ; Varennes-lès-Mâcon ; Vinzelles.

Pendant près de quatre ans les municipalités communales furent
remplacées par un conseil général siégeant au chef-lieu du canton.
Nous avons conservé les registres de délibérations du conseil
général du canton de Charnay, qui tenait ses séances au temple

---

1. Voir chap. IV : *Seigneuries ecclésiastiques*.

2. En vertu de cette constitution notre département fut divisé en 86 cantons
dont trois (Autun, Chalon et Mâcon) ne comprenaient qu'un territoire urbain.
La constitution de l'an VIII réduisit le nombre des cantons à 48, mais la créa-
tion du canton du Creusot en 1868 et de celui de Montceau-les-Mines en 1874,
releva ce nombre à 50.

décadaire, la « ci-devant église », et qui eut pour présidents successifs deux « ci-devant curés », Étienne Maigre, ancien curé de Charnay, président en 1795 et en 1796, puis Alexis Benon, ancien curé de Chaintré, président de 1796 à 1799. On trouve dans sces registres les procè-verbaux de nombreuses fêtes célébrées durant le Directoire : fête de la Liberté, avec danses champêtres autour de l'arbre de la Liberté, discours sur la dignité de l'homme libre, et cris de : *Haine à la Tyrannie!* et *Vive la Liberté!* (9 thermidor an IV, 27 juillet 1796) ; fêtes de la Souveraineté du Peuple (30 ventôse an VII, 10 mars 1799) et de la Jeunesse (10 germinal an VII, 30 mars 1799); fête funèbre en l'honneur de Bonnier et Roberjot [1], « plénipotentiaires français assassinés à Rastadt par les satellites de l'infâme Autriche », avec cortège, dépôt de couronnes « au pied d'un coenotaphe », éloge des victimes, discours, hymnes, cris de : *Vengeance ! Vengeance!* etc.(20 prairial an VII, 8 juin 1799); fête de l'Agriculture, avec cortège de cultivateurs portant « les attributs de l'Agriculture », lecture publique des lois, discours, proclamation des « noms des agriculteurs qui se seront distingués par des améliorations utiles », et chant du « couplet chéri des républicains : *Amour sacré de la Patrie...* » (10 messidor an VII, 28 juin 1799) ; fête du Quatorze-Juillet, avec défilé de la garde nationale, cortège « égayé alternativement par le bruit guerrier des tambours et par la mélodie d'une musique simple et touchante », promenade d'une bannière représentant la Bastille renversée et d'une pique surmontée du bonnet de la Liberté, « chant de l'hymne des Marseillais », lecture des lois, discours « sur l'objet de la fête », enfin danses par lesquelles « les citoyens ont exprimés le bonheur d'être nés Français et la volonté calme et réfléchie de vivre libres et indépendants » (26 messidor an VII,

---

1. Ancien curé de Saint-Pierre à Mâcon et de Saint-Vérand.

14 juillet 1799) ; fête du Dix-Août, avec cortège de jeunes gens tenant à la main des rameaux de chêne, discours rappelant « les triomphes des Français sur un roi traître et parjure, et le renversement absolu du despotisme républicain », embrasement d'un bûcher portant « les attributs de la Royauté », danses, farandole, et enfin « banquet civique » (23 thermidor an VII, 10 août 1799) ; fêtes du Premier Vendémiaire an VIII, avec discours commémorant « la fondation de la République » et retraçant « le bienfait des institutions républicaines », prestation de serments sur l'autel de la Concorde, proclamation des noms des « conscrits qui ont obéi à la loi » et des « citoyens qui ont payés leur cotisation à l'emprunt forcé », danses et jeux publics (1er vendémiaire an VIII, 23 septembre 1799) ; fête funèbre en l'honneur du général Joubert, avec « promenade civique » d'un « coenotaphe [1] » porté par quatre militaires blessés, éloge du mort, où « l'orateur s'est attendri plusieurs fois et a fait couler les larmes des spectateurs » tout en invitant « les réquisitionnaires et conscrits à imiter le héros que la France pleure », hymnes à la Liberté et cris répétés de : *Vive à jamais la République !* (10 vendémiaire an VIII, 2 octobre 1799); etc. [2].

Des fêtes tous les mois ! Et cependant, le président de l'administration cantonale, Benon, estimait qu'elles étaient nécessaires, car nous lisons dans son rapport à l'administration centrale du département en date du 27 messidor an VII (15 juillet 1799) :

1. Ce « coenotaphe » était « surmonté d'une pyramide triangulaire, terminée par une urne cinéraire, ombragée de lauriers et de ciprès. Sur la base de la pyramide on lisoit ces mots : *A l'intrépide Joubert, général en chef de l'armée d'Italie, tué à la tête de l'armée à la bataille de Novi, en deffendant la République et la Liberté.* Sur chaque face du coenotaphe étoient des trophées militaires et des inscriptions relatives aux vertus civiques et aux talens militaires du jeune héros. »

2. Archives départementales, L. Cantons.

« L'esprit public qui règne en général dans le canton est, à dire vrai, presque nul. L'habitant des campagnes, tout entier à ses travaux journaliers, à ses intérêts particuliers, ne prend guère de part aux événements politiques que lorsqu'ils l'atteignent soit en bien soit en mal. Du reste, servilement attaché à ses usages, à sa routine, ses mœurs, son esprit, sont à peu de chose près les mêmes qu'avant. la Révolution. L'ancien calendrier est son régulateur dans toutes les circonstances de sa vie ; c'est encore sur lui qu'il règle ses jours de repos et de travail. Chez quelques-uns, et surtout chez les personnes du sexe, cet attachement tient d'un fanatisme d'autant plus opiniâtre qu'il est plus aveugle, mais, dans la majeure partie, il est plustôt l'effet de l'habitude, ennemie en général de toute innovation. En un mot, l'homme de la campagne n'oppose point aux progrès de la Révolution une résistence active, mais une force d'inertie qui cedde à l'autorité pour reprendre son premier aplomb sitôt que la contrainte cesse. Néantmoins, tel qu'il est, il ne sçauroit être un sujet inquiétant pour le gouvernement. Ce n'est pas du sein de nos campagnes qu'on verra naître les séditions, les révoltes, les factions liberticides. On est toujours sûr de les amener au but désiré, quand les circonstances permetront d'exécuter une fois ce qui n'a été jusqu'ici qu'en principes et en projet. La régénération politique des campagnes dépend de deux objets : l'organisation des écoles publiques, celle des fêtes nationales et décadaires. Il faut nécessairement qu'à quelque chose qui existait il soit substitué quelqu'autre chose ; et le moment est venu de s'en occuper avec succès. Plus tôt on eût peut-être pas réussi, parce que, ne désespérant point de reprendre les prêtres, de voir rétablir son culte, le cultivateur auroit toujours mal acceuilli ce qu'on lui eût présenté en remplacement ; mais aujourd'hui qu'il a perdu tout espoir, qu'il ne peut instruire ses enfans d'aucune manière, aujourd'huy (*sic*) que l'ennuy se poursuit dans ses anciennes fêtes qu'il ne cellèbre que par le désoeuvrement et l'oisiveté, il se prêteroit volontiers aux institutions républicaines, si on les rendoit intéressantes soit par l'instruction, soit par les jeux, les exercices, les plaisirs qui pouroient en remplir le temps [1]. »

Si, dans le canton de Charnay, pendant la Révolution, « l'esprit public » était « presque nul », « l'ordre public » en revanche n'y avait pas constamment régné. Le 7 frimaire an V (27 novembre 1796), le conseil général dut en effet adresser « aux agents, adjoints et citoyens des communes [2] », un appel plaçant sous l'égide des lois « les personnes exposées aux excès et voies de faits, les propriétés en proie au brigandage [3] », et condamnant les « monstres » qui cherchent « à opprimer la nation françoise sous ces deux fléaux de l'humanité, le despotisme des rois et le fanatisme des prêtres ». Cela n'empêcha pas l'administration d'avoir à déplorer le 9 prairial suivant (28 mai 1797) « des assassinats à Charnay et Vinzelles », et à prendre, en conséquence, de nouvelles mesures « pour prévenir les crimes qui se commettent fréquamment dans le canton ».

La constitution de l'an VIII, proclamée le 24 décembre 1799, supprima l'organisation administrative consacrée par la constitution de l'an III ; Charnay perdit son rang de chef-lieu et devint une des onze [4] communes du canton de Mâcon sud.

---

1. Archives départementales, L. Cantons.

2. La municipalité cantonale était représentée dans chaque commune du canton par un agent et un adjoint.

3. Allusion à « ce qui s'est passé à Senozan, Saint-Martin et Sancé », au « trouble qu'y ont éprouvé les acquéreurs des biens nationaux », et « la violation à leur égard de la loi qui protège les personnes et les propriétés ». Dans aucune de ces trois communes, en effet, les citoyens Garnier, Laurent et Dandelot, acquéreurs des presbytères, n'avaient pu en prendre possession.

4. Nombre réduit à dix par suite de l'annexion de Saint-Clément à Mâcon en 1856.

CHARNAY-LÈS-MACON. — Mairie et École.

Cl. P. Charvet, Mâcon.

X

L'ADMINISTRATION MUNICIPALE

Les différents maires qui ont présidé aux destinées administratives de la commune depuis le commencement du XIXᵉ siècle jusqu'à nos jours sont : François Rubat du Mérac, 1800 ; Claude Jousserandot, 1803 ; Jean Margue, 1815 ; Joseph Rivet, 1816 ; Alphonse Puy-Pény, 1816 ; Alexandre Mottin, 1826 ; Étienne Maillet, 1830 ; Charles Sambin, 1832 ; Benoît Rivet, 1832 ; Étienne Maillet, 1835 ; Joseph Signoret, 1836 ; Michel Revillon, 1843 ; Jean-Pierre Crouzet, 1847 ; Joseph Signoret, 1848 ; Joseph Maillet, 1852 ; Philippe Labalme, 1868 ; Gabriel Robert, 1870 ; Jacques Ballard, 1871 ; Philippe Labalme, 1874 ; Jacques Ballard, 1876 ; Jean-Marie Dargaud, 1881 ; Philibert Dufour, 1898 ; Catherin Deschamps, 1909.

Pendant la Révolution, nous l'avons dit, la municipalité tenait ses assises au temple décadaire, la « ci-devant église », où l'une des chapelles servait de « chambre communale ». En 1803, M. Jousserandot rendit l'édifice au culte et réunit le conseil municipal chez lui, à Levigny. Mais quand M. Jousserandot abandonna la mairie, en 1815, on retourna à l'église [1].

En 1823, la commune autorisa son instituteur, Jean-Pierre Crouzet, à faire construire à ses frais un bâtiment d'école, tout en se réservant la faculté de l'acquérir ultérieurement à dire d'experts,

---

1. Délibérations du conseil municipal des 14 et 16 mai 1815.

— ce qu'elle fit, en 1833, pour le prix de 3.200 francs. Dix ans après, en 1843, on échangea cet immeuble contre d'autres bâtiments, avec cour et jardins, appartenant au sieur Jean Graff, qui furent aménagés en école et mairie [1]. C'est en 1910 que l'on fit à la Coupée, en bordure de la route nationale de Nevers à Genève, l'édifice actuel, qui a coûté pour l'achat du terrain, 3.168 francs, et pour la construction des bâtiments 71.582 francs.

La translation du cimetière a été opérée en 1897 et a nécessité un emprunt de 11.000 francs.

Voici, d'après les budgets et les comptes de la commune, le montant des recettes et dépenses, de décade en décade, pour le siècle écoulé (1811-1911) [2].

	RECETTES	DÉPENSES
	Francs	Francs
Année 1811............	1.664,01	1.490,46
— 1821..........	942,74	923,59
— 1831..........	744,33	629,15
— 1841..........	2.584,00	2.615,35
— 1851..........	6.786,00	5.463,00
— 1861..........	15.373,87	8.758,23
— 1871..........	23.671,17	21.965,25
— 1881..........	16.436,35	19.511,47
— 1891..........	24.654,80	12.710,93
— 1901..........	15.788,39	16.246,53
— 1911..........	57.103,72	60.902,51 [3]

Les registres des délibérations municipales existent, et sans lacune, depuis 1800. On y trouve les diverses prestations du

1. Archives départementales, O. Charnay-lès-Mâcon.

2. Id., *ibid*.

3. Les chiffres de 1911, tout à fait anormaux, s'expliquent par le coût du bâtiment construit à usage d'école et mairie.

serment de fidélité exigé par chaque nouveau gouvernement au cours du XIXe siècle, les appels des maires à leurs administrés à l'occasion des grands événements politiques contemporains [1], les adresses votées à l'empereur Napoléon III en 1852 et en 1867 après les attentats [2], l'approbation officielle donnée en 1880 à la politique dite des « décrets [3] », etc.

Mais la plus grave des questions qui se soit posée pour la commune de Charnay, à la fin du XVIIIe siècle et pendant tout le cours du XIXe, est celle des distractions successives de portions de son territoire. De même que Saint-Clément, de même que Flacé, Charnay eut toutes les peines du monde à lutter contre les appétits territoriaux, les besoins d'expansion de la ville de Mâcon, qui évidemment ne pouvait rester indéfiniment ceinturée par ses murs du moyen âge. Charnay, malgré ses méritoires résistances, — mais c'était le pot de terre contre le pot de fer, — dut donc se résigner à perdre successivement :

1° en vertu de lettres patentes du Roi, du 5 septembre 1773, le faubourg de la Barre, aujourd'hui rue Rambuteau, depuis la place de la Barre jusqu'à la place Saint-Louis, où se séparent les chemins de Charnay et de Chevagny-les-Chevrières [4] ;

2° en vertu d'une ordonnance royale du 27 juillet 1832, une parcelle de 6 hectares 39 ares 60 centiares, connue sous le nom de *Clos-Chaumet* et située au couchant de la rue Victor-Hugo actuelle, entre la rue Lacretelle actuelle et l'ancien chemin de Saint-Martin-des-Vignes, jusqu'aux Charmilles [5] ;

---

1. Notamment les 12 et 27 mars 1815.

2. Les 17 octobre 1852 et 9 juin 1867.

3. Le 9 mai 1880.

4. Ces lettres patentes sont imprimées dans les *Observations pour les habitants en corps des communes de Charnay et Saint-Clément-lez-Mâcon contre les habitants en corps de la ville de Mâcon.* Dijon, 1854, in-4°.

5. Archives départementales, M. Divisions administratives.

3° en vertu d'une loi adoptée par le Corps législatif le 3 avril 1856, la section de Saint-Martin-des-Vignes, d'une contenance de 24 hectares, ce qui a permis de reporter l'entrée de la ville de Mâcon de la place Saint-Louis à la Maison de Terre [1] ;

4° en vertu d'un décret présidentiel du 29 septembre 1877, une parcelle de terrain de 2 hectares 23 ares 68 centiares, sans aucune habitation, située au levant du boulevard des Neuf-Clefs, lieu dit *les Chanaux* [2].

Ces quelques notes sur l'administration municipale de Charnay ne seraient pas complètes si nous ne mentionnions ici le nom de deux bienfaiteurs publics morts l'un et l'autre dans les dernières années du XIXᵉ siècle.

D'abord la comtesse de Rocca, née Rambuteau, qui par ses testaments, datés des 6 janvier 1873 et 1ᵉʳ avril 1877, a laissé à la commune un terrain pour la construction d'une maison d'école, et réservé quatre places à l'asile du Bois-Sainte-Marie, pour des orphelins de Charnay, soit deux garçons et deux filles [3].

Ensuite Jacques-Guillaume Ballard, qui, par testament du 10 juin 1879 et codicile du 20 avril 1880, a donné aussi à la commune 10.000 francs pour la construction d'une école d'adultes [4].

Enfin le 3 juillet 1919 est décédée Mᵐᵉ veuve Pelletier, née Robin, qui, par testament du 20 mars 1916, a institué la commune de Charnay sa légataire universelle, à charge de distribuer annuellement les revenus de sa fortune à des enfants de cultivateurs honnêtes et intéressants [5].

1. Archives départementales, M. Divisions administratives.
2. Id., *ibid*.
3. Id., O. Charnay-lès-Mâcon.
4. Id., *ibid*.
5. Archives communales de Charnay, D.

XI

LE COMBAT DE MACON [1]

(11 MARS 1814).

Le 21 décembre 1813, 250.000 hommes sous les ordres de
Schwartzenberg et Blücher, avaient franchi le Rhin sur différents
points entre Bâle à Coblentz, et envahi la France. A la gauche
des troupes coalisées, une division conduite par le général autri-
cien Bubna, avait pour mission d'arrêter l'armée française dite
« de Lyon », commandée par Augereau. Le 29 décembre Bubna
avait pris Genève, puis occupé Bourg le 11 janvier, et Mâcon le
12. De là il se répandit dans tout le pays et l'écrasa de réquisitions.

Celles qui tombèrent sur Charnay [2] donnèrent lieu notamment
aux plaintes suivantes :

Jean Dumont, demeurant près l'église, déclara que « âgé de
69 ans, père de trois enfans, tant eux, leur mère aussi âgée,
et lui, ont été en proie à la brutalité et au mauvais traitement
des troupes étrangères, lors de leur station sur le territoire de la
commune de Charnay en 1814 ; que deux têtes de bétail qui
composaient son étable, y ont été enlevées, tuées et dépecées à

---

1. Le récit des combats de Mâcon en 1814 et 1815 a été écrit par le capitaine Rougé, du 134e d'infanterie, tué à l'ennemi le 1er octobre 1914 (*Annales
de l'Académie de Mâcon*, 3e série, t. XIX, 1914-15, p. 162 et suiv.).

2. Une délibération du conseil municipal, du 8 juillet 1814, rappelle que
« le nombre des troupes, pendant tout le temps de l'occupation du territoire,
a été constamment de trois à huit mille hommes, en majeure partie cavalerie ».
(Archives communales de Charnay, D.)

ses yeux ; que la sodatesque, par l'effet de son campement établi à la porte de son domicile, lui a bu, enlevé et péri 80 pièces de vin, dont 15 de 1811 [1] ; qu'elle lui a brûlé 500 tonneaux neufs, 150 feuillettes neuves, un millier de marcandises dolées [2], des ambres [3], des cercles et autres pièces de bois, et notament les ustenciles de son pressoir, lui ayant découvert trois pièces d'appartemens pour en avoir les bois qui ont aussi été brûlés ; qu'il a perdu son mobilier dans sa totalité, au point qu'il ne lui est pas resté de quoi se vêtir, lui et sa malheureuse famille ».

Étienne Garnier, propriétaire à Levigny, fit savoir, de son côté, que « par réquisition signée du maire et de l'adjoint de la commune, il fournit, pour conduire à Belleville un major des troupes des hautes puissances alliées, une jument et des harnois pour l'atteler à la voiture ; qu'il s'empressa d'obéir à la réquisition, et depuis n'a plus revu ladite jument et les harnois, estimés à la somme de 240 francs [4] ».

Le 11 mars au matin, sur l'ordre d'Augereau, qui commandait l'armée française dite « de Lyon », la division du général Musnier se mit en marche sur Mâcon. L'avant-garde, arrivée vers une heure à Crèches, constata que les collines qui font face à la Saône, de Chaintré à Saint-Léger, et celles qui dominent la Petite-Grosne, de Charnay à Saint-Clément, étaient fortement occupées par l'ennemi. Le prince de Wied-Runkel, notamment, défendait les hauteurs de Charnay, et il avait massé à Saint-Léger plusieurs escadrons de cavalerie. Malgré l'importance des forces ennemies [5] et la solidité de leurs positions, Musnier engagea rapidement le

---

1. L'excellente année dite *de la Comète*.
2. Douves de tonneau.
3. Osiers.
4. Archives départementales, série R. Réquisitions de 1814. Réclamations.
5. Elles étaient plus du double des nôtres.

combat. Le général Ordonneau attaqua l'éperon de Saint-Léger, tandis que, sur sa droite, le 67ᵉ de ligne et le 12ᵉ hussards, franchissant la Petite-Grosne, montèrent à l'assaut des pentes de Charnay, d'où l'ennemi dut se rabattre sur la Coupée. Ainsi tout alla bien de prime abord, mais entre quatre et cinq heures les Autrichiens portèrent en avant plusieurs brigades et, sous leur effort, Musnier, qui avait atteint Saint-Clément, fut obligé de battre en retraite jusqu'à la Maison-Blanche, après avoir perdu 93 tués [1], 230 blessés [2], 360 prisonniers surpris dans la ferme du château de Beaulieu, deux pièces de canon et un certain nombre de caissons [3].

Le même soir le prince de Wied-Runkel coucha à Mâcon avec 4.000 hommes de troupes, et dix jours après, le 21 mars, les alliés entrèrent à Lyon, tandis qu'Augereau se repliait sur Vienne et Valence.

Il paraît, d'après un contemporain de l'événement, que dans le parc du château de Saint-Léger, 50 Français firent prisonniers 220 Autrichiens.

Le même auteur rapporte qu'un de nos soldats, s'étant trouvé séparé de sa compagnie, poursuivit à coup de fusil 25 ennemis depuis Charnay jusqu'à Solutré, où, faute de munitions, il les abandonna après en avoir blessé plusieurs. Il coucha à Solutré, et le lendemain de grand matin se fit conduire par des chemins détournés jusqu'à la Maison-Blanche où il retrouva l'unité à laquelle il appartenait [4].

1. Notamment le capitaine Durocheret, du 67ᵉ de ligne.

2. Entre autres : les capitaines Bellon, Merme, Sery, les lieutenants Coulès, Coulon, Pradal, les sous-lieutenants Dupuich et Nougarède, du 67ᵉ de ligne ; le capitaine Lamothe, le lieutenant Coupé, le sous-lieutenant Conrad, du 12ᵉ hussards.

3. Les Autrichiens avouèrent comme pertes 26 officiers et 855 hommes.

4. *Notes et pièces historiques sur les événemens de 1814 à 1816*, p. Bouché de la Bertilière, de Cluny. Manuscrit 273 de la Bibliothèque de Mâcon, fᵒ 144.

Bien des personnes croient pouvoir expliquer par le combat de 1814 le nom du *Chemin des Allemands*, qui passe entre Charnay et Saint-Léger. Mais le malheur est que dès 1437 on trouve mentionné dans le terrier de la seigneurie de Banand (Vinzelles) l'*iter publicum tendens de Cropio apud Cluniacum, vocatum des Alemans*, c'est-à-dire la voie publique tendant de Crêches à Cluny, appelée *des Allemands*. Il ne nous paraît donc pas possible qu'on attribue cette dénomination à un autre fait qu'aux travaux exécutés sur la route par les mercenaires allemands venus en 1418, à la demande du bailli de Mâcon, pour assiéger les Armagnacs qui tenaient garnison au château de Solutré [1].

1. Voir A. Arcelin, *Annales de l'Académie de Mâcon*, 2e série, t. II, 1880, p. 116.

XII

L'ÉCHAUFFOURÉE DE CHAMP GRENON

(6 DÉCEMBRE 1851).

Le coup d'État du 2 décembre 1851 provoqua dans les masses profondes de la démocratie des résistances assez violentes, auxquelles le gouvernement, de son côté, opposa des mesures sévères de répression, qu'on a depuis qualifiées euphémiquement d' « opérations de police un peu rudes ». Des mouvements populaires s'esquissèrent sur différents points de notre département, mais celui qui se dessina dans le Mâconnais fut le plus important par le nombre des manifestants accourus de toutes parts et le plus déplorable par le chiffre des victimes de la force publique.

Nous en avons retrouvé un récit très détaillé et très complet que nous croyons devoir reproduire intégralement, non sans faire remarquer toutefois qu'il émane d'un publiciste d'esprit nettement « anti-démagogique », comme on disait alors, et que par suite son impartialité peut être sujette à caution.

« ... Dès le 4, un rassemblement fut organisé dans la commune de Saint-Gengoux par le sieur Dismier [1], huissier révoqué et frappé de plusieurs condamnations. Assez nombreux dès l'abord, les factieux se portèrent sur la maison commune, proclamèrent la déchéance du sieur Ducharne, adjoint faisant fonctions de maire, et le mirent en prison ; puis, après s'être emparés de toutes les armes que contenait la mairie, ils choisirent pour maire un sieur

---

1. Dismier (Stanislas) fut envoyé à Cayenne par la commission mixte du département.

Royer, notaire, qui accepta. Bientôt la bande, se répandant dans
la ville, s'appropria les armes que possédaient les citoyens ; plusieurs maisons furent ouvertes avec effraction, divers individus
furent maltraités, et quelques-uns furent obligés par la menace
de se réunir à la bande factieuse qui se composait alors d'environ
200 hommes armés...

« Cependant, le sieur Royer, se mettant à la tête d'un détache-
ment de ces hommes pourvus d'armes, se porta au-devant du
courrier et prit les dépêches, en déclarant qu'à lui seul appartenait
le droit de commander et de prendre connaissance des affaires
publiques. Bientôt, la bande se porta chez le receveur de l'enregis-
trement et chez le directeur des postes, dont les caisses furent
pillées. Quant au percepteur, il avait fait son versement la veille
et ne possédait qu'une faible somme à lui appartenant, qu'on lui
laissa. Quelques-uns osèrent donner un reçu à ces deux fonction-
naires ; mais on ignore quelle est la véritable valeur de ces
signatures. Malheureusement, la brigade de gendarmerie de Saint-
Gengoux se trouvait à Mâcon, où elle avait été mandée par ordre
supérieur.

«... Dès le commencement de la journée du 5, divers détachements se mirent en route pour Cormatin et Massilly...

« A Cluny fut recommencée la scène de Saint-Gengoux...

« Au commencement de la nuit, l'avant-garde de la bande générale, grossie des démagogues de Verzé, Sologny et autres lieux,
se mit en marche pour Saint-Sorlin, où elle trouva de nombreuses
recrues...

« De Saint-Sorlin, on expédia des détachements pour faire
sonner le tocsin dans diverses directions...

« Le reste de la nuit fut employé à occuper militairement la
route entre Saint-Sorlin et Montceaux où des postes et des senti-
nelles furent espacés.

«... Cependant on était prévenu à Mâcon de tous ces formidables préparatifs, et, bien qu'on fût plein de confiance dans le courage, le zèle et les bons sentiments de notre excellente garnison du 4ᵉ léger, l'autorité supérieure, mue par une louable pensée de prudence, avait requis le concours d'un bataillon du 1ᵉʳ régiment du génie, arrivé la veille à Mâcon, et qui devait repartir le 6 au matin. M. le lieutenant-colonel Coffinières consentit, vu la gravité des circonstances, à concourir à la répression du désordre. Au point du jour, les cinq compagnies de ce bataillon, actuellement incomplet, se mirent en marche dans la direction des insurgés.

« Un fort peloton fut laissé sur la place de la Barre et un second à la Maison de Terre, 600 mètres au delà de la barrière [1]. Tout le reste prit position à environ deux kilomètres de Mâcon, au point où la route de Cluny est reliée à celle de Lugny par un chemin vicinal. Après qu'on eut fait éclairer la route par deux gendarmes et quelques cavaliers conducteurs du bataillon, les 4ᵉ et 5ᵉ compagnies furent détachées sous le commandement d'un capitaine et allèrent prendre position à Flacé, route de Lugny, pour garder toutes les issues.

« Pendant ce temps-là, M. le lieutenant-colonel du 4ᵉ léger avait fait toutes ses dispositions pour sauvegarder Mâcon. La préfecture, l'hôtel de ville, la poudrière, la manutention, étaient pourvus de postes suffisants. Le reste de la garnison était campé sur les places d'Armes et de la Caserne [2], et toutes les rues aboutissantes étaient garnies de factionnaires.

« Quand ces dispositions eurent été prises, M. de Ferque, lieutenant-colonel du 4ᵉ léger, et M. Porion, commandant du 3ᵉ bataillon, montèrent à cheval et allèrent rejoindre le bataillon du

---

1. La barrière était alors à la place Saint-Louis.
2. Place des Carmélites.

génie pour avoir des renseignements. Après s'être concerté avec
son collègue du génie, qui était parti à pied à la tête de ses
hommes, le lieutenant-colonel du 4ᵉ léger revint à Mâcon. Le
commandant Porion resta, et, quelques instants après, voulant
pousser une reconnaissance, il s'avança jusqu'à la porte du parc
de Champgrenon. Là, il se trouva subitement en présence d'une
avant-garde d'insurgés qui, au nombre de 150 environ, groupés
en corps, tandis que d'autres bandes étaient dispersées dans les
champs et sur la route, avait été cachée par un coude du chemin,
un pli de terrain, des vignes et des buissons.

« Mû par un sentiment de généreuse compassion, le commandant Porion marcha aux insurgés pour leur faire comprendre
combien leur projet était à la fois criminel et imprudent, puisqu'ils
allaient se trouver en présence d'une troupe aguerrie, prête à les
exterminer ; il les invita donc à déposer les armes. L'attitude et
le langage de l'intrépide commandant firent naître un instant d'hé-
sitation parmi les factieux, qui se séparèrent et reculèrent. Puis,
à 25 ou 30 pas, une cinquantaine firent une décharge qui, fort
heureusement, n'atteignit pas le brave officier. Irrité par cet acte
de trahison, celui-ci s'écria : « Tirailleurs, en avant ! », et, l'épée
au poing, poussa droit à un chef qui le tenait en joue. Ce dernier fut renversé par le choc, et, au moment où il sentait la pointe
de l'épée de son loyal ennemi s'appuyer sur sa poitrine, il
demanda grâce. Aussi humain que courageux, le commandant
lui accorda la vie, et se contenta de le faire prisonnier.

« L'explosion avait attiré les soldats, qui arrivèrent au pas de
course, et dont les premiers rangs firent une décharge générale.
Immédiatement, les insurgés se débandèrent, tentèrent de riposter,
essuyèrent encore quelques coups de feu et prirent la fuite dans
toutes les directions. Ce fut une déroute, une débandade générale. Épouvantés comme des oiseaux, ils couraient à travers les
champs, les vignes, escaladant les murs, les haies et les fossés.

« La nouvelle de la déroute parut devancer encore la rapidité des fuyards, et, peu après, toute l'armée insurgée, qui pouvait bien s'élever à 1.000 ou 1.200 hommes, échelonnés en divers points du chemin, subit une panique inexprimable. Ces armes qu'ils avaient prises pour en faire des instruments de destruction, ne servirent plus qu'à les effrayer eux-mêmes : leur seule préoccupation était de se débarrasser de ces objets accusateurs. On vit ces hommes, courant sans but et à perdre haleine, offrir leurs fusils aux passants, les jeter sur les chemins, dans les champs, les cacher sous la paille de quelques voitures qu'ils rencontraient, puis courir encore comme dominés par le vertige.

« Arrivée à Cluny, la nouvelle y causa une consternation semblable, et, en quelques minutes, la mairie, les postes, la ville tout entière fut débarrassée de l'arrière-garde de l'armée démagogique.

« Le résultat connu jusqu'à présent est celui-ci : du côté de nos braves défenseurs, nous n'avons à déplorer ni mort, ni même une blessure. Quant aux insurgés, on a ramassé parmi eux sept cadavres, sans compter ceux que l'on découvrira encore ; leurs blessés sont en grand nombre, et une cinquantaine de prisonniers, qui s'augmente d'heure en heure, sont déjà détenus dans la prison de Mâcon.

« On nous apprend que les populations honnêtes des cantons insurgés, et principalement de celui de Saint-Gengoux, ont voulu avoir leur part dans ce triomphe de l'ordre sur l'anarchie, et se sont emparées d'environ soixante fugitifs qui ont été concentrés à Saint-Gengoux, d'où ils vont être dirigés sur notre ville, et bientôt livrés aux conseils de guerre, que l'état de siège vient de leur donner pour juges [1]... »

---

1. *Journal de Saône-et-Loire* du 8 décembre 1851.

En réalité, ce n'est pas au conseil de guerre mais bien à la commission mixte que furent déférés les prisonniers.

Un habitant de Charnay, le sieur François Cadot, « tourneur en bois et cultivateur », né à Mâcon, âgé de 43 ans, marié et père de quatre enfants, fut condamné à cinq ans de surveillance et interné en Corse, « comme s'étant compromis dans les événements qui ont eu lieu en décembre [1] ».

Un autre habitant de la commune, le sieur François-Jean-Baptiste Fleury, commissionnaire en vins, né à Nuits (Côte-d'Or), âgé de 30 ans, marié, sans enfants, fut condamné à la transportation en Algérie, peine commuée ensuite en internement à Plombières-lès-Dijon, pour avoir « fabriqué de la poudre destinée aux insurgés [2] ».

Voilà les deux seuls habitants de Charnay qui aient été condamnés par la commission mixte du département.

Quant aux sept victimes de la collision, ramassées à l'état de « cadavres », nous n'avons pu retrouver leurs noms, aucun des décès n'ayant été enregistré à l'état civil de Charnay ni de Mâcon [3]. On permit probablement aux « insurgés » d'emporter les morts, qui auront été inhumés dans leurs communes respectives.

Deux soldats du 4e léger, un musicien, Bastien (Edme-Joseph-Gustave), 34 ans, natif de Troyes (Aube), et un chasseur, Choiseau (Louis), 22 ans, natif de la Pellerine (Maine-et-Loire), sont décédés à l'hôpital de Mâcon les 8 et 21 décembre. Mais nous ne pensons pas qu'ils soient des victimes de l'échauffourée du 6, puisque, d'après le récit qu'on a lu, les « défenseurs de l'ordre » n'essuyèrent pas « même une blessure ».

1. Supplément au *Journal de Saône-et-Loire* du 3 avril 1852. — Dossiers de la police politique. Série M des Archives départementales.
2. Id.
3. Ni de Chevagny-les-Chevrières, ni de Prissé, communes auxquelles nous avons étendu nos recherches.

MAQUETTE
DU
MONUMENT AUX MORTS DE LA GRANDE GUERRE
par le sculpteur A. MORLON
(1919)

XIII

LES MORTS DE LA GRANDE GUERRE

(1914-1918).

Il nous faut intercaler ici des pages à la fois douloureuses et glorieuses qui feront de notre notice historique une manière de « livre d'or ».

Au cours de la Grande Guerre (1914-1918), 343 citoyens de Charnay furent mobilisés, dont 277 sont rentrés dans leurs foyers et vont y rentrer, mais 14 avec pensions ou secours pour blessures et infirmités. Les 66 autres, nés ou domiciliés dans la commune, sont morts pour la France, sur les champs de bataille ou dans les hôpitaux. C'est à la mémoire de ces 66 braves, dont les noms sont d'ailleurs rappelés déjà par une plaque de marbre au cimetière, que va être érigé, à l'angle du chemin qui conduit de la route nationale au bourg, un monument dû au ciseau du sculpteur mâconnais, Alexandre Morlon.

Voici la liste de ces nobles victimes de la Guerre, telle qu'elle résulte des avis adressés à la municipalité par l'autorité militaire :

1. — ANGELVY, JEAN-BAPTISTE, lieutenant-colonel, 22ᵉ régiment d'infanterie, tué le 18 août 1914 à Villé (Alsace).

2. — ANGELVY, OLIVIER, soldat, 140ᵉ régiment d'infanterie, disparu le 2 septembre 1914 à la Croix-Idoux (Vosges).

3. — AUBOIS, CHARLES, soldat, 4ᵉ régiment de zouaves, tué le 1ᵉʳ décembre 1916 à Sailly-Sallisel (Somme).

4. — AUCLAIR, ALEXANDRE, soldat, 45ᵉ bataillon de chas-

seurs à pied, disparu entre le 29 août et le 6 septembre 1914, à Proyart (Somme).

5. — AUCLAIR, François, soldat, 17ᵉ régiment d'infanterie, tué le 21 septembre 1915 à Souchez (Pas-de-Calais).

6. — BARDIER, Jean, sergent, 134ᵉ régiment d'infanterie, tué le 8 novembre 1914 au Bois-Brûlé, près Saint-Mihiel (Meuse).

7. — BERTHELON, Pierre, soldat, 414ᵉ régiment d'infanterie, tué le 26 avril 1918 à Locre (Belgique).

8. — BERTHOUD, Louis, soldat, 55ᵉ régiment d'infanterie, décédé le 6 août à Froidos (Meuse).

9. — BLANC, François, soldat, 121ᵉ section d'automobiles, décédé le 24 avril 1915 à Saumur (Maine-et-Loire).

10. — BLETON, Claudius, soldat, 152ᵉ régiment d'infanterie, tué antérieurement au 1ᵉʳ mai 1916 à l'Hartmannswillerkopf (Alsace).

11. — BOUCHACOURT, Claude, soldat, 27ᵉ régiment d'infanterie, mort pour la France le 7 août 1916 à Landrecourt (Meuse).

12. — BOUCHACOURT, François, soldat, 168ᵉ régiment d'infanterie, décédé avant le 1ᵉʳ juillet 1915 au Bois-le-Prêtre, près Pont-à-Mousson (Meurthe-et-Moselle).

13. — BURGER, Eugène, sous-lieutenant, 226ᵉ régiment d'infanterie, tué le 18 octobre 1916 à Maisonnette (Somme).

14. — CAMPY, Georges, soldat, 99ᵉ régiment d'infanterie, tué antérieurement au 14 novembre 1914 à Schirmeck (Alsace).

15. — CHAMBERT, Pierre, capitaine, 12ᵉ bataillon de chasseurs alpins, tué le 19 février 1915 à Sultzeren (Alsace).

16. — CHAPUIS, Pierre, sergent, 2ᵉ régiment de zouaves, disparu le 22 août 1914 à Ham-sur-Sambre (Belgique).

17. — COLLONGE, Jean, soldat, 10ᵉ régiment d'infanterie,

mort de ses blessures, le 7 septembre 1916, à l'hôpital du Cloître, à Longuyon (Meurthe-et Moselle).

18. — CORTAMBERT, Claude, soldat, 1er régiment étranger, tué le 7 mai 1915 à Morte-Bay, Gallipoli (Dardanelles).

19. — COTE, Jean, soldat, 95e régiment d'infanterie, tué le 25 février 1916 à Douaumont (Meuse).

20. — DAMBOY, François, soldat, 134e régiment d'infanterie, disparu le 25 août 1914 à Rozelieures (Meurthe-et-Moselle).

21. — DESCAILLOT, François, soldat, 153e régiment d'infanterie, disparu le 11 décembre 1914 à Saint-Julien (Belgique).

22. — DESNOYERS, Philippe, soldat, 358e régiment d'infanterie, tué le 11 juillet 1916 à Verdun (Meuse).

23. — DESRAYAUD, Claude, soldat, 170e régiment d'infanterie, tué le 16 mars 1915 au Mesnil-lez-Hurlus (Marne).

24. — DUBOIS, Charles, caporal, 134e régiment d'infanterie, mort de ses blessures le 20 novembre 1914 à l'hôpital 28 à Commercy (Meuse).

25. — DUMONT, Louis, soldat, 2e régiment de zouaves, tué le 16 juin 1915 à Souchez (Pas-de-Calais).

26. — DURIAUD, Philippe, soldat, 9e régiment de zouaves, tué le 5 mars 1916 à Douaumont (Meuse).

27. — FÉTIEUX, Antoine, sergent, 170e régiment d'infanterie, tué le 1er mai 1916 à Verdun (Meuse).

28. — FOUILLOUX, Antoine, sergent, 60e régiment territorial, décédé le 24 décembre 1916 à Lunéville (Meurthe-et-Moselle).

29. — FUMET, Jacques, caporal, 21e bataillon de chasseurs à pied, disparu le 29 août 1914 à Saint-Martin (Alsace).

30. — GENEVOIS, Stéphane, soldat, 134e régiment d'infanterie, disparu le 25 août 1914 à Rozelieures (Meurthe-et-Moselle).

31. — GENOUX, Abel, maréchal des logis, 121e régiment d'artillerie, décédé le 21 décembre 1918 à Charnay-lès-Mâcon.

32. — GONNET, Pierre, soldat, 159ᵉ régiment d'infanterie, tué le 2 juillet 1915 à Souchez (Pas-de-Calais).

33. — JETON, Antoine, soldat, 134ᵉ régiment d'infanterie, mort de ses blessures le 11 décembre 1914 à l'hôpital 101 (Lyon).

34. — JOMAIN, Étienne, soldat, 153ᵉ régiment d'infanterie, disparu le 11 décembre 1914 à Saint-Julien (Belgique).

35. — JUILLARD, Prosper, soldat, 134ᵉ régiment d'infanterie, tué le 20 août 1914 à Saint-Jean-de-Bassel (Lorraine).

36. — LACROUZE, Claude, soldat, 3ᵉ escadron du train, décédé le 20 septembre 1918 à Rosny-sur-Seine (Seine-et-Oise).

37. — LACROUZE, Marius, adjudant-aviateur, 2ᵉ groupe d'aviation, tué le 28 novembre 1917 à Bièvres (Seine-et-Oise).

38. — LARONZE, Pierre, soldat, 153ᵉ régiment d'infanterie, tué le 12 novembre 1914 à Kemmel (Belgique).

39. — MAILLET, Jean, soldat, 134ᵉ régiment d'infanterie, mort de ses blessures le 19 décembre 1914 à l'hôpital 4 à Gray (Haute-Saône).

40. — MANSIAT, Jacques, caporal, 297ᵉ régiment d'infanterie, décédé le 26 avril 1915 à Épinal (Vosges).

41. — MARTIN, Jean, soldat, 9ᵉ bataillon de chasseurs à pied, disparu le 10 septembre 1914 à Maurupt (Marne).

42. — MATHIAS, Jean, soldat, 153ᵉ régiment d'infanterie, tué le 13 novembre 1914 à Kemmel (Belgique).

43. — MAYOL, Louis, soldat, 299ᵉ régiment d'infanterie, tué le 19 juin 1915 dans la forêt de Parroy (Meurthe-et-Moselle).

44. — MOINE, François, sergent, 56ᵉ régiment d'infanterie, tué le 4 août 1916 à Verdun (Meuse).

45. — MONNET, Catherin, soldat, 3ᵉ régiment de zouaves, tué le 15 novembre 1916 à Douaumont (Meuse).

46. — MORGAT, Antoine, soldat, 134ᵉ régiment d'infanterie, tué le 27 mai 1916 à Apremont-la-Forêt (Meuse).

47. — OREL, Jean, soldat, 146ᵉ régiment d'infanterie, décédé le 11 janvier 1915 à Dunkerque (Nord).

48. — OUROUX, Claude, soldat, 153ᵉ régiment d'infanterie, décédé le 24 novembre 1914 à Cherbourg (Manche).

49. — PÉQUET, Jean, soldat, 6ᵉ régiment de tirailleurs indigènes, disparu le 30 mai 1918 à Berzy-le-Sec (Aisne).

50. — PERRON, Claudius, soldat, 56ᵉ régiment d'infanterie, décédé le 10 octobre 1915 à Vitry-le-François (Marne).

51. — PONCET, Pierre, soldat, 10ᵉ régiment d'infanterie, tué le 10 juin 1917 à Fleury (Meuse).

52. — RENÉBON, Joseph, soldat, 23ᵉ section d'infirmiers, tué le 16 mars 1918 à le Puix (Haut-Rhin).

53. — ROBIN, Pierre, caporal, 35ᵉ régiment d'infanterie coloniale, mort de ses blessures le 22 juillet 1916 à l'hôpital 13 (Somme).

54. — RONDIER, Jean, soldat, 4ᵉ régiment de zouaves, tué le 27 octobre 1916 à Douaumont (Meuse).

55. — RUAULT, René, soldat, 10ᵉ régiment d'infanterie, tué le 28 mars 1917 en Champagne.

56. — SAFFORES, Jean-Baptiste, soldat, 12ᵉ régiment d'infanterie, tué le 13 avril 1916, à la ferme de Beauséjour (Marne).

57. — SEVELINGE, Tony, soldat, 56ᵉ régiment d'infanterie, tué le 14 octobre 1914 à Apremont-la-Forêt (Meuse).

58. — SIVIGNON, Jean, soldat, 79ᵉ régiment d'infanterie, tué le 22 décembre 1914 à Langemarck (Belgique).

59. — THÉRIAT, Raoul, sous-lieutenant, 93ᵉ régiment d'infanterie, décédé le 2 août 1918 à Gérardmer (Vosges).

60. — TORLAND, Paul, soldat, 56ᵉ régiment d'infanterie, tué le 26 janvier 1916 au bois d'Ailly (Meuse).

61. — VAUPRÉ, Claude, soldat, 8ᵉ section d'infirmiers, décédé le 13 décembre 1914 à Commercy (Meuse).

62. — VAUTRIN, Gabriel, capitaine, 110ᵉ régiment d'infanterie, tué le 18 février 1915 en Belgique.

63. — VERMOREL, Pierre, sergent, 170ᵉ régiment d'infanterie, tué le 28 avril 1916 à Verdun (Meuse).

64. — VIREY, Paul, sergent, 134ᵉ régiment d'infanterie, disparu le 20 août 1914 à Sarrebourg (Alsace).

65. — VOLLAND, Claude, soldat, 331ᵉ régiment d'infanterie, tué le 16 mars 1917 à Pontavert (Aisne).

66. — VOLLAND, Louis, soldat, 26ᵉ régiment d'infanterie, disparu le 25 septembre 1915 à la ferme de Beauséjour (Marne).

XIV

PATOIS DU PAYS: « LA CHANSON DU BON VIN[1] ».

LÉGENDE DE CLAUDE BROSSE

Un excellent spécimen du patois de Charnay [2] et des communes voisines, Fuissé, Davayé, Chevagny-les-Chevrières, etc., est la « Chanson du Bon vin », composée ou recueillie par l'abbé Pierre Maneveau [3] et publiée dans les *Annales de l'Académie de Mâcon* [4] « comme un petit chef-d'œuvre » digne d'être « conservé tant pour son mérite réel que pour l'histoire de la langue ».

Il s'agit d'un paysan à qui son curé vient de faire boire une bouteille de « bon vin », ce qui lui inspire cette chanson :

<table>
<tr><td align="center">I</td><td align="center">I</td></tr>
<tr><td>Monsieur l'Tieuré, la bounc affare !</td><td>Monsieur le Curé, la bonne affaire !</td></tr>
<tr><td>Mais c'ment donc que s'apele çan ?</td><td>Mais comment donc que s'appelle ça ?</td></tr>
<tr><td>Est-i ben vai qu'i saille de tarre ?</td><td>Est-il bien vrai qu'il sorte de terre ?</td></tr>
<tr><td>Je n'y poux pos craire vrament.</td><td>Je n'y peux pas croire vraiment.</td></tr>
<tr><td>Qu'i fa de ben à la corniule !</td><td>Qu'il fait de bien au gosier !</td></tr>
<tr><td>Et que les bourgeois sont huraeux !</td><td>Et que les bourgeois sont heureux !</td></tr>
<tr><td>Tuje de l'aigue [4] et d'les faviules,</td><td>Toujours de l'eau et des haricots,</td></tr>
<tr><td>V'là net' veie à nus autres guaeux.</td><td>Voilà notre vie à nous autres gueux.</td></tr>
</table>

1. En Mâconnais « bon vin » ne signifie pas « vin de qualité », mais « vin vieux », autrement « vin bouché » ou « vin cacheté ». On dit dans le même sens : « une bonne bouteille ».

2. On désigne les habitants de Charnay sous les différents noms patois de *Charnayoux, Chournayons, Chornoutis.*

3. Originaire du Chalonnais. Curé de Fuissé en 1823 et de la Chapelle-de-Guinchay de 1836 à 1867.

4. IIe série, t. I, 1878, p. 349. — Nous avons rectifié au point de vue de l'orthographe et de la mesure le texte patois imprimé dans les *Annales*, et nous l'avons accompagné d'une traduction.

II

Y descend tant qu'u bout des peies ;
Y est çan que s'apele du vin !
Y bet'defours les maladeies
Ben mieux, je crais, qu'on médecin.
Ah ! quand je tesse, se la Jane
Me baillait on p'tion de c'tu vin,
Je betrais defours la tisane
Pre fioler de çu jus souv'rain.

III

Quand j'ains piaci tout' la semane
Pr'avaï des catrouchlh's et du pan,

I nous faudrait ben la dioumane
Quoques gouttes de vin c'ment çan.
Mais je m'apense que pr'en baïre
I faudrait ben arri des iards,
Et les iards, ma faï, n'chaumont guère
Dans la caffe u pouvre Jean-Piarre.

IV

Si j'en av' tant slament on varre
Quand la bochule est su mes reins,
C'ment je farais femer la tarre !
C'ment mes chamb's marcheront bon
[train !
Mais la fenne ne me fait baïre
Que de l'aigue et de l'agouton,
Et m'n arme, ça ne réchand guère,
Ça n'fait pos seblier le garçon.

V

Vivre cieu que planta la vegne
Et que fit le premi ponçon !
Lu touneli su lus ensegnes
En or devront beter son nom.

II

Ça descend jusqu'au bout des pieds ;
C'est ça qui s'appelle du vin !
Ça met dehors les maladies
Bien mieux, je crois, qu'un médecin.
Ah ! quand je tousse, si la Jeanne
Me donnait un peu de ce vin,
Je jetterais dehors la tisane
Pour boire de ce jus souverain.

III

Quand j'ai pioché toute la semaine
Pour avoir des pommes de terre et du
[pain,
Il nous faudrait bien le dimanche
Quelques gouttes de vin comme ça.
Mais je pense que pour en boire
Il faudrait bien aussi des liards,
Et les liards, ma foi, ne restent guère
Dans la poche au pauvre Jean-Pierre.

IV

Si j'en avais tant seulement un verre
Quand la bachoule est sur mes reins,
Comme je ferais fumer la terre !
Comme mes jambes marcheraient bon
[train !
Mais la femme ne me fait boire
Que de l'eau et du petit-lait,
Et, sur mon âme, ça ne réchauffe guère,
Ça ne fait pas siffler le garçon.

V

Vive celui qui planta la vigne
Et qui fit le premier tonneau !
Les tonneliers sur leurs enseignes
En or devraient mettre son nom.

Mais le bon Di,à c'que j'm'apense,	Mais le bon Dieu, à ce que je pense,
L'a mis dans son saint paradis,	L'a mis dans son saint paradis,
Pr'amour qu'y est la recompense	Parce que c'est la récompense
De tous ces qu'ont ben travailli.	De tous ceux qui ont bien travaillé.

VI

Je salue vour la companeie.	Je salue maintenant la compagnie.
Je siens que la fenne m'attend.	Je sens que la femme m'attend.
Je poss'rais ben toute ma veie	Je passerais bien toute ma vie
Avi du brove mond' c'ment çan.	Avec du brave monde comme ça.
Monsieur l'Tieuré, de vôte grôce	Monsieur le Curé, de votre grâce
Je vos me beter çan dans le caeu,	Je vais me mettre ça dans le cou,
Pis y fait tant d' ben quoi y posse,	Et puis ça fait tant de bien où ça passe,
Que j'en baïrais ben mais d'on caeu[p].	Que j'en boirais bien plus d'un coup.

« Vive celui qui planta la vigne et qui fit le premier tonneau ! Les tonneliérs sur leurs enseignes en or devraient mettre son nom. » C'est très bien, mais il y a un nom que les vignerons du Mâconnais devraient aussi rappeler en toutes circonstances et graver au fond de leur cœur, c'est celui de Claude Brosse, s'il faut du moins s'en rapporter à la légende qui l'auréole.

« En 1660, le Beaujolais et le Mâconnais n'avaient d'autres débouchés que la consommation locale et celle des pays environnants. La culture de la vigne était négligée ; le vin ne se vendait pas. Claude Brosse, qui avait une cave bien garnie, conçut le hardi projet d'aller jusque dans la capitale chercher un débouché à sa récolte. Il mit deux pièces de son meilleur vin sur une charrette, attela à cette charrette les bœufs les plus robustes de son étable, et se mit en route pour Paris ; le trente-troisième jour de son voyage il y arrivait.

« La semaine suivante, la messe du Roi, qu'on célébrait au château de Versailles, fut troublée par un curieux incident. Lorsque l'officiant arriva à un moment de la cérémonie durant lequel tous les assistants devaient être à genoux, le Roi, promenant son regard sur la foule, remarqua une tête d'homme qui dépassait toutes les autres. Il supposa qu'un des assistants était resté debout. Il ordonna à l'un de ses officiers d'aller faire agenouiller cet irrespectueux personnage. L'officier revint, quelques instants après, annoncer au Roi que l'homme qui avait attiré son attention était réellement agenouillé, mais que sa haute taille avait pu causer l'erreur de Sa Majesté. Louis XIV ordonna que cet homme lui fût amené à l'issue de la messe.

« Une heure après, on introduisit auprès du Roi Claude Brosse, vêtu comme les paysans du Mâconnais, coiffé d'un large feutre et la poitine couverte d'un grand tablier de peau blanche qui descendait jusqu'aux genoux ne laissant voir que les jambes chaussées de longues guêtres de toile grise.

« Quel motif vous amène à Paris ? » lui dit le Roi.

« Claude Brosse fit un beau salut et répondit sans se troubler qu'il arrivait de la Bourgogne avec un char traîné par des bœufs, amenant avec lui deux tonneaux de vin. Ce vin était excellent, et il espérait le vendre à quelque grand seigneur.

« Le Roi voulut le goûter sur-le-champ. Il le trouva bien supérieur à celui de Surênes et de Beaugency, qu'on buvait à la Cour ; tous les courtisans demandèrent alors à Claude Brosse des vins de Mâcon, et l'intelligent vigneron passa le reste de sa vie à transporter et à vendre à Paris les produits de ses vignobles.

« Le commerce des vins de Mâcon était fondé. Aujourd'hui ce commerce jette, chaque année, six à huit cent mille hectolitres de vins sur la place de Paris. Il y a loin de là, comme on le voit, aux deux tonneaux du vignoble de Charnay, amenés à Paris en trente-trois jours [1]. »

---

1. *Almanach bourguignon*, 3e année, 1859, pages 136-139. — P. Batilliat, dans son *Traité sur les Vins de France*, en 1846, avait déjà rapporté cette légende, pages 22 et 23. Il dit dans une note que Claude Brosse est un ascendant de M. Chamborre, alors propriétaire de la Grange-Saint-Pierre.

APPENDICE

ORDONNANCES ET RÈGLEMENTS DE POLICE
PUBLIÉS AUX ASSISES GÉNÉRALES DES JUSTICES SEIGNEURIALES
DE CHARNAY, LEVIGNY ET DÉPENDANCES
LES 2 ET 3 AOUT 1779

Vu par Nous, Louis-Anselme Garnier, avocat en Parlement, juge ordinaire civil et criminel de la terre et seigneurie de Charnay, Levigny et dépendances, le réquisitoire de Mᵉ Jean Bertrand, procureur d'office en laditte justice ;

1° Nous avons deffendu à touttes personnes, de tout état, qualité et condition, de blasphémer le nom de Dieu, de la Vierge et des saints, à peine de cinquante livres d'amende et punition corporelle s'il y échet.

2° Enjoignons à tous justiciables d'observer les commandements de Dieu et de l'Église, suivant la foy catolique, appostolique et romaine, avec deffences de faire aucune assemblée sans notre permission.

3° Deffences leur sont pareillement faittes de travailler par eux, leurs enfants et domestiques, les jours de dimanche et feste commandés par l'Église, sous peine de dix livres d'amende.

4° A tous marchands, tant de notre justice que forains, de tenir leurs boutiques ouvertes et d'exposer en vente en notre district aucunes marchandises lesdits jours de dimanche et de feste, à peine de dix livres d'amende et de confiscation.

5° A tous habitants de fréquenter les tavernes et cabarets ; à tous cabaretiers de donner à boire et à manger les mêmes jours de feste et dimanche, pendant les services divins et après la nuit close, sous pareille peine de dix livres.

6° Faisons égallement deffences de jouer et donner à jouer aucuns jeux de hazard, des quilles et autres, à peine d'amende contre les joueurs et ceux qui donneront à jouer.

7° Mêmes deffences de s'assembler pour festes baladoires, bordes et danses publiques, aussi à peine d'amende contre chaque contrevenant et contre les joueurs d'instruments, d'amende et prison, comme aussi de courir les rues et chemins pendant la nuit, d'y faire clameur et huées, sous les mêmes peines.

8° Pareilles deffences sont faittes à tous justiciables de dérober, cacher ou recéler aucunes marchandises égarées, ou autres objets, ny d'acheter aucuns effets des femmes et enfants, sous la puissance de leurs maris, sous l'autorité de leurs pères, à peine de restitution, amende et punition corporelle ; enjoignons à tous ceux qui auront connoissance desdits larcins et ventes furtives, de les déclarer, à peine de trente livres d'amende.

9° Pareilles deffences sont faittes à touttes personnes de s'injurier, de répandre des faits calomnieux, ny d'exercer aucune voie de fait les unes contre les autres, à peine d'amende et de punition corporelle.

10° Il est enjoint à tous les justiciables qui auront connoissance de la grossesse des filles, des veuves non remariées, de les dénoncer à justice, et à icelles filles et veuves, qui se trouveront enceintes, de faire leur déclaration entre nos mains, en celles du curé, ou par devant notaire, dont elles nous donneront avis, sous trois jours, comme encore de conserver leur fruit, à peine de mort contre les contrevenantes, conformément aux ordonnances de Sa Majesté.

11° Deffendons pareillement à tous les justiciables de retirer chés eux des filles débauchées, des personnes de mauvaises moeurs, gens sans aveux, errants et vagabons, aux peines portées par les édits et déclarations, principallement de demeurer garands et responsables des événements qui pouroient résulter du fait desdittes personnes, errants et vagabons.

12° Faisons pareillement deffences à touttes personnes qui ne sont pas originaires desdittes terres et seigneureries de s'y établir sans une permission par écrit de nous, et pour en prévenir l'abus, deffences sont faittes à tous propriétaires et principaux locataires de leur louer ou sous-louer à peine d'amende.

13° Deffendons à tous habitants et cabaretiers de loger et recevoir chés eux plus de vingt-quatre heures aucun étranger ; leur enjoignons, passé ledit temps, d'en faire leur déclaration à justice pour y être pourvu, à peine d'amende.

14° Enjoignons à tous les étrangers établis dans lesdittes seigneureries depuis trois ans de se retirer dans le mois, à peine d'être expulsés, s'ils ne justifient dans ce délais du droit et permission qu'ils ont eut de s'y établir.

15° Enjoignons égallement à tous propriétaires et principaux locataires de ne louer et sous-louer qu'après nous avoir donné le nom des personnes qu'ils se proposent de placer chés eux, à peine d'amende contre les contrevenants et de demeurer responsables du fait desdittes personnes.

16° Enjoignons aussi à tous marchands boulangers, bouchers ou cabaretiers, de vendre dans les temps licites à l'aune, poids et mesure duement étalonnés, à peine de confiscation de marchandises et d'amende.

17° Deffendons à tous propriétaires de faire aucune usurpation sur l'héritage de leurs voisins et communaux, ny sur les chemins de desserte, par des murailles, buissons ou autres entreprises, sous peine de restitution, domages et intérests, et de telle amende qu'il écheoirat.

18º Leur deffendons également de faire sur les rues, chemins et places publiques, aucunes entreprises, soit pour reconstruction de bâtiment ou construction nouvelle, soit pour plantation d'arbre, haye vive ou morte, soit pour fossés, ny de divertir le cours ordinaire des eaux, à peine d'être les entreprises détruittes et les choses remises en leur premier état aux frais des contrevenants, et d'amende ; enjoignons en conséquence à ceux qui ont ouvert des fossés et pratiqués des seignées sur lesdits chemins de les combler, sous les mêmes peines.

19º Il est également enjoint à tous ceux qui possèdent des fonds le long des chemins publiques ou de desserte, de les tenir clos de murs ou de buissons, pour éviter que le bétail n'endomage les fruits, comme encore d'élaguer les arbres et buissons pour faciliter le passage, à peine d'amende et domages intérests.

20º Ordonnons aux habitants de nétayer, chacun en droit de soi, les rues et chemins, d'en enlever les boues suivant l'exigeance des cas, avec deffences de les embarrasser d'aucuns matériaux, comme encore de mettre des fumiers sur les places les avoisinant, de manière que les chemins ne soient point infectés par l'influance d'une mauvaise odeur et demeurent pratiquable pour l'utilité publique ; à cet effet, leur enjoignons de les réparer et entretenir en bon état, si non il y sera procédé à leurs frais, à la diligence du procureur d'office, et exécutoire contre eux décerné.

21º Nous avons aussi ordonné que tout particulier qui sera dans l'intention de reconstruire ou faire des nouveaux bâtiments, fossés, buissons et murs de clôture le long des chemins publiques ou de desserte, sera tenu de nous avertir pour observer l'alignement convenable et tel qu'on luy désignera, à peine d'amende et de démolition à ses frais, en cas d'entreprise sans notre permission.

22º Deffences sont également faittes de laisser les bestiaux à l'abandon et sans garde, afin qu'ils ne puissent porter préjudice, à peine d'amende arbitraire et des domages et intérests au proffit de ceux à qui appartiendront les héritages.

23° Enjoignons à touttes personnes qui tienent en leur maison des chiens, mâtins et cochons, de les garder à l'attache ou leur mettre au col des bâtons ou garrots depuis que les bleds sont en tuyaux et les vignes en état de maturité, jusques après les récoltes, afin qu'ils ne périssent pas les fruits, à peine de cinq livres d'amende et des domages et intérests envers les propriétaires.

24° Pareilles deffences sont faittes à tous les justiciables de mener ny envoyer paître leurs bestiaux et en aucun temps dans les bois qui ne font pas partie de leur propriété, et dans ceux qui leur appartienent, avant que les taillis soient reconnus deffensables, ny d'extirper et arracher aucun arbre ny racine, à peine d'amende et même d'être poursuivis extraordinairement.

25° Faisons expresses deffences à touttes personnes sans distinction de qualité, de chasser, en aucun temps, dans toutte l'étendue de laditte justice, avec armes à feu, chiens courants ou couchants, filets, pièges ou autres engeins, comme encore d'aller à l'affût des oiseaux pendant le jour ou la nuit, à peine d'amende, confiscation, punition, suivant les règlements, les pères, maîtres et tuteurs demeurant civilement responsables pour leurs enfants, domestiques et mineurs.

26° Deffendons égallement à touttes personnes de tirer sur des pigeons, à peine d'amende et punition corporelle s'il y écheoit.

27° A tous particuliers d'achetter, à tous aubergistes et cabaretiers d'exposer en vente, depuis le quinse avril jusques au premier aoust, aucunes pièces de gibier dont la chasse est interditte dans cette espace de temps, à peine de confiscation, ensemble d'amende tant contre l'acheteur que le vendeur et l'exposant en vente.

28° Deffendons pareillement la pêche dans les cerves, ruisseaux et petites rivières, rierre l'étendue desdittes justices, sous les peines portées par l'ordonnance de 1669.

29° Pareilles deffences sont faittes à tous revendeurs et revenderesses domiciliés ou non en notre justice, d'achetter en hyvers avant huit heures du matin, et en été avant six, aucunes pièces de gibier et de volaille, oeufs, boeure, fromages, fruits, raisins et autres articles commestibles, comme encore d'aller attendre sur le passage au delà la dernière maison du hameau de la Magdelaine connu sous le nom du Pavé de la Barre, les fermiers, vignerons, grangers ou leurs domestiques portant à la vente lesdittes danrées pour la subsistance des particuliers du lieu, à peine de confiscation, amende et punition corporelle s'il y écheoit.

30° Faisons égallement deffences à tous propriétaires et cultivateurs de faire rouhir des chanvres dans les cerves destinées à l'abrevage des bestiaux, dans les rivières et ruisseaux de laditte justice, et dans des fossés placés le long des grands chemins.

31° Enjoignons auxdits justiciables de reconnoître pour garde de chasse et de pêche celui préposé à cet effet, ainsi que pour la conservation des fruits de laditte parroisse.

32° Nous avons ensuitte ordonné que les trois arrests du Parlement rendus la présente année seront exécutés suivant leur forme et teneur, le premier portant deffences de mener paître en aucun temps les moutons et brebis dans les vignes, bois et buissons, ny aux environs des hayes, dans les jardins, prairies et vergers, sous les peines y portées ;

33° le second pour écheniller ;

34° le troisième pour les chèvres.

35° Ne pouront lesdits justiciables retirer ny s'approprier aucunes épaves, soit en chevaux, boeufs, vaches et autres bestiaux, soit en mouches à miel, ou de quelques autres espèce que ce soit, sans en donner avis aux seigneurs ou au procureur fiscal de la terre, à peine d'amende arbitraire.

36° Deffences sont également faittes auxdits habitants et autres personnes demeurant rierre la justice, de porter aucune arme à feu, grand couteau, coutelas, bayonette et autres armes offensives, à peine de dix livres d'amende et d'être poursuivis extraordinairement.

37° Pareilles deffences sont faittes auxdits habitants de commencer les récoltes des moissons, fenaisons et vendanges, qu'au préalable il n'ait été fait une visitte en présence des seigneurs du lieu, ou de leur préposé, par quatre ou six principaux notables propriétaires, pour connoître si les fruits ont acquit leur maturité, et la permission de faire l'ouverture desdittes récoltes être ensuitte accordée, à peine d'amende contre les contrevenants.

38° Pareilles deffences sont faittes à ceux des habitants qui ne possèdent aucun héritage dans laditte parroisse, de tenir pour leur compte et à titre de commande des brebis et moutons, à peine de dix livres d'amende, et à ceux qui possèdent des héritages en nature de terre et prés seulement, de ne conserver q'une seule brebis ou moutton à raison de huit arpents desdits fonds pour chacune tête, à peine de confiscation de l'excédant et de la même amende.

39° Pareilles deffences d'ammasser de l'herbe dans les bleds d'autruy et de mener paître les bestiaux dans les chintres des terres ensemensées, sous peine de l'amende.

40° Il est pareillement deffendu à tous garçons cloutiers, cordoniers, maréchaux, meneusiers, charpentiers et de tout autre métier, de s'assembler dans aucun endroit au dessus du nombre de trois, sous quel prétexte que ce soit, à peine d'amende et de prison, comme à tous cabaretiers de les recevoir chés eux à peine d'amende.

41° Nous avons encore ordonné que pour l'observation de la
règle et l'intérest de la fabrique, les marguilliers et fabriciens
seront tenus de rendre leur compte chaq'une année en notre présence et dans la forme ordinaire.

42° Leur faisons pareillement deffences de se pourvoir en justice ailleurs que par devant nous, dans les matières qui sont de
notre compétance, à peine de dix livres d'amende.

43° Il est enjoint aux maîtres, chefs de famille, comme aussi
aux enfants et domestiques, de remplir leurs obligations les uns
envers les autres et chacun en ce que le devoir leur prescrit.

44° Deffences sont faittes à tous les vignerons de cueillir
aucun raisin avant l'ouverture de la vendange et d'en porter à la
vente, sous peine de confiscation et de dix livres d'amende contre
chaque contrevenant. Pourront néantmoins les maîtres et propriétaires se faire apporter des raisins par leurs vignerons en leur
remettant un billet datté et signé.

45° Il est ordonné à tous les propriétaires tenant volières ou
colombiers garnis de pigeons de les tenir fermés pendant le tems
de la semence des bleds et autres menus grains, c'est-à-dire depuis
le 4 octobre de chaque année jusques à la fin du même mois, à
peine de trente livres d'amende et de dommages intérests au proffit
des propriétaires sur les terres desquels lesdits pigeons iront se
répandre pour n'avoir pas été renfermés et nourris dans le colombier.

46° Nous invitons tous les justiciables à ne point se susciter de
mauvais procès, et de faire terminer à l'amiable toutes les recherches
qu'un intérest légitime semblera autoriser, comme encore de vivre
en paix et en union.

Et sera notre présente ordonnance exécutée nonobstant oppo-
sition ny appellation quelconque et sans y préjudicier, comme

s'agissant de fait de police. Fait à Mâcon, en notre hôtel par emprunt [1], le vingt-huit juillet mil sept cent soixante-dix-neuf.

GARNIER.

(Archives départementales, B. 1720, n° 275.)

[1]. C'est-à-dire par territoire emprunté, puisque Mâcon, naturellement, n'était pas dans les limites de la juridiction seigneuriale de Charnay, Levigny et dépendances.

TABLE DES ILLUSTRATIONS

HORS TEXTE

EN TEXTE

TABLE DES MATIÈRES

MÂCON, PROTAT FRÈRES, IMPRIMEURS